HEBREW

FOR

BEGINNERS

D1232621

HEBREW

FOR

BEGINNERS

MICHAEL ROSE   YECHIEL KARA

MP3 CD

Hebrew: Yigal Tzadka

English: Rebecca Haviv

Printed by Keterpress Enterprises, Jerusalem

ISBN: 978-965-91294-0-9

E-mail: **rosem@actcom.co.il**

Web Site: **www.hebrewbeginner.com**

ACKNOWLEDGEMENTS

Yechiel Kara provided invaluable assistance in the preparation of this book.

Thanks go to to my parents, Boris and Sonya Rose, for their help and encouragement.
I would also like to thank Ragnhild Södahl for her help, and Arthur Tenowitz for the technical assistance he gave me.

The book *Modern Hebrew - A Step By Step Guide* by Michael Rose and Ezri Uval, Jerusalem 2006, is recommended for further study.

Web Site: **www.hebrewstepbystep.com**

CONTENTS

PREFACE

This book describes an easy way of learning to read and pronounce Hebrew. It is ideal for self-study and can also be used in a classroom environment.

Students begin reading easy-to-pronounce syllables which are then joined together to form words and sentences. Many of the Hebrew words used have been loaned from English.

Throughout the book there are exercises and an answer key is included. At the back of the book are lists of over one thousand words of useful vocabulary. There is also a chapter on learning to write Hebrew.

An MP3 CD comes along with this book. It will help students with their pronunciation and encourage self-study (see p. xiii).

This book is the first in a series. The second book in the series shows how to speed up Hebrew learning (see p. 245).

Michael Rose   Jerusalem 2009

ABBREVIATIONS

m.	masculine
f.	feminine
pl.	plural
adj.	adjective
n.	noun
v.	verb

Note:
In this book, "you (m.)" and "you (f.)" are considered as singular personal pronouns.

p.	page number
pp.	page numbers
e.g.	for example
cont.	continued

ACCENT

Many Hebrew words in this book have an English transliteration written next to them. The accent is on that part of the transliteration marked in bold. In the example below, the accent is on the "la" of "lama".

לָמָה   (**la**ma)

THE MP3 CD

On many of the pages in the book, you will see the symbol ⌢ with a number inside it. This represents the track number on the CD.

e.g. ⌢ 3 means track number three.

SPECIAL INSTRUCTIONS

Repeat the Hebrew that you hear on the CD out loud. Try to make your pronunciation sound exactly like the Hebrew that you hear.

Note:

The accompanying CD contains MP3 Files. They can be played on a personal computer or downloaded to an MP3 player or iPod.

They can also be played on DVD players or CD players that support MP3 files. This CD cannot be played on a CD player that does not support MP3 files.

Chapter 1

BASICS

The audio tracks in this section are numbered

 1   to   2

THE HEBREW ALPHABET

Hebrew has no capital letters and is read from right to left.

Letter Name	Printed Letter	English Equivalent
Aleph	א	(see comment)
Bet	בּ	b
Vet	ב	v
Gimmel	ג	g
Dalet	ד	d
Heh	ה	h
Vav	ו	v
Zayin	ז	z
Chet	ח	ch (as in Bach)
Tet	ט	t
Yud	י	y
Kaf	כּ	k
Chaf	כ	ch (as in Bach)

Letter Name	Printed Letter	English Equivalent
Lamed	ל	l
Mem	מ	m
Nun	נ	n
Samech	ס	s
Ayin	ע	(see comment)
Peh	פּ	p
Feh	פ	f
Tsadi	צ	ts
Kuf	ק	k
Resh	ר	r
Shin	שׁ	sh
Sin	שׂ	s
Tav	ת	t

Comment:
Aleph and Ayin are Hebrew letters which have no pronunciation of their own in modern Hebrew. They take the sound of the vowel that accompanies them. When there is no vowel they are silent.

Final Letters

If one of the letters כ (chaf) , מ (mem) , נ (nun) , פ (feh) or צ (tsadi)
appears at the end of a word, it takes on a final **(sofit)** form, although its
pronunciation remains unchanged.

Printed Letter	Final Form	English Equivalent
כ	ך	ch (as in Bach)
מ	ם	m
נ	ן	n
פ	ף	f
צ	ץ	ts

All the letters of the Hebrew alphabet are consonants.
The following letters can be used as vowels as well as consonants:
ה (heh), ו (vav), י (yud) and sometimes א (aleph).

VOWEL SIGNS

These are signs placed on the side of, on top of, or under a Hebrew letter to indicate pronunciation.

Vowel Sign	Pronunciation
□ַ / □ָ / □ֲ	a (as in father) .1
□ֵ	e (as in pet) .2
□ֵי	e (as in pet) .3
□ֶ / □ֱ	e (as in pet) .4
□ִ / □ִי	i (as in fig) .5
□וֹ / □ֹ	o (as in lord) .6
□ֳ	o (as in lord) .7
□וּ / □ֻ	u (as in put) .8
□ְ	short e (as in the) .9

Note:

□ is used in place of a Hebrew letter.

The following English letters do not have a direct representation in Hebrew:

J as in James ;   **G** as in George ;   **Ch** as in Churchill

They are represented by the closest equivalent letters of the Hebrew alphabet (with the addition of an apostrophe).

James	גֵ׳יימס
George	ג׳וֹרג׳
Churchill	צֶ׳רצִ׳יל
Jacques	זָ׳אק

Hard and Soft Letters

The letters ‏כ‎ , ‏ב‎ and ‏פ‎ can be pronounced in two ways, depending on whether a dot is placed inside the letter.

‏בּ‎	is pronounced	b
‏ב‎	" "	v
‏כּ‎	is pronounced	k
‏כ‎	" "	ch (as in Bach)
‏פּ‎	is pronounced	p
‏פ‎	" "	f

Some Hebrew letters have the same sound, but are different from each other.

Letter Name	Printed Letter	English Equivalent
Tet Tav	ט ת	t t
Kaf Kuf	כּ ק	k k
Vet Vav	ב ו	v v
Chaf Chet	כ ח	ch (as in Bach) ch (as in Bach)

Some Hebrew letters look similar, but are different from each other.

Letter Name	Printed Letter	English Equivalent
Vet Chaf	ב כ	v ch (as in Bach)
Dalet Resh	ד ר	d r
Heh Chet	ה ח	h ch (as in Bach)
Vav Zayin	ו ז	v z
Ayin Tsadi	ע צ	(silent) ts
Samech Final Mem	ס ם	s m

Test yourself by turning to pp. 134-138.

Chapter 2

BEGINNING TO READ

The audio tracks in this section
are numbered

 3   to   11

BEGINNING TO READ LETTERS

(method on pp. 2-5)

1) Practice reading the Hebrew letters below (from right to left).

2) The English letters below the Hebrew should be covered while reading (they are a guide to the pronunciation).

ALEPH

אִ	אֱ	אֶ	אֵ	אֲ	אַ	אָ
i	e	e	e	a	a	a

אוּ	אֻ	אֳ	אוֹ	אֹ	אִי
u	u	o	o	o	i

BET

בִּי	בִּ	בֶּ	בֵּ	בַּ	בָּ
bi	bi	be	be	ba	ba

בְּ	בּוּ	בֻּ	בּוֹ	בֹּ
be (short e)	bu	bu	bo	bo

Practice reading the letters below (from right to left).

VET

בִי	בִ	בֶ	בֵ	בַ	בָ
vi	vi	ve	ve	va	va

בְ	בוּ	בֻ	בוֹ	בֹ
ve (short e)	vu	vu	vo	vo

GIMMEL

גִי	גִ	גֶ	גֵ	גַ	גָ
gi	gi	ge	ge	ga	ga

גְ	גוּ	גֻ	גוֹ	גֹ
ge (short e)	gu	gu	go	go

DALET

דִי	דִ	דֶ	דֵ	דַ	דָ
di	di	de	de	da	da

דְ	דוּ	דֻ	דוֹ	דֹ
de (short e)	du	du	do	do

Practice reading the letters below (from right to left). (5)

HEH

הִ	הֱ	הֶ	הֵ	הֲ	הַ	הָ
hi	he	he	he	ha	ha	ha

הוּ	הֻ	הֳ	הוֹ	הֹ	הִי
hu	hu	ho	ho	ho	hi

VAV

וִ	וֶ	וֵ	וַ	וָ
vi	ve	ve	va	va

וְ	ווּ	וֻ	ווֹ	וִי
ve (short e)	vu	vu	vo	vi

ZAYIN

זִי	זִ	זֶ	זֵ	זַ	זָ
zi	zi	ze	ze	za	za

זְ	זוּ	זֻ	זוֹ	זֹ
ze (short e)	zu	zu	zo	zo

Practice reading the letters below (from right to left).

CHET

חִ	חֱ	חֶ	חֵ	חֲ	חַ	חָ
chi	che	che	che	cha	cha	cha

חוּ	חֻ	חֳ	חוֹ	חֹ	חִי
chu	chu	cho	cho	cho	chi

TET

טִי	טִ	טֶ	טֵ	טַ	טָ
ti	ti	te	te	ta	ta

טְ	טוּ	טֻ	טוֹ	טֹ
te (short e)	tu	tu	to	to

YUD

יִי	יִ	יֶ	יֵ	יַ	יָ
yi	yi	ye	ye	ya	ya

יְ	יוּ	יֻ	יוֹ	יֹ
ye (short e)	yu	yu	yo	yo

Practice reading the letters below (from right to left).

KAF

כִּי	כִּ	כֶּ	כֵּ	כַּ	כָּ
ki	ki	ke	ke	ka	ka

כְּ	כּוּ	כֻּ	כּוֹ	כֹּ
ke (short e)	ku	ku	ko	ko

CHAF

כִי	כִ	כֶ	כֵ	כַ	כָ
chi	chi	che	che	cha	cha

כְ	כוּ	כֻ	כוֹ	כֹ
che (short e)	chu	chu	cho	cho

LAMED

לִי	לִ	לֶ	לֵ	לַ	לָ
li	li	le	le	la	la

לְ	לוּ	לֻ	לוֹ	לֹ
le (short e)	lu	lu	lo	lo

Practice reading the letters below (from right to left). 8

MEM

מִי	מִ	מֶ	מֵ	מַ	מָ
mi	mi	me	me	ma	ma

מְ	מוּ	מֻ	מוֹ	מֹ
me (short e)	mu	mu	mo	mo

NUN

נִי	נִ	נֶ	נֵ	נַ	נָ
ni	ni	ne	ne	na	na

נְ	נוּ	נֻ	נוֹ	נֹ
ne (short e)	nu	nu	no	no

SAMECH

סִי	סִ	סֶ	סֵ	סַ	סָ
si	si	se	se	sa	sa

סְ	סוּ	סֻ	סוֹ	סֹ
se (short e)	su	su	so	so

Practice reading the letters below (from right to left). 9

AYIN

עִ	עֱ	עֶ	עֵ	עֲ	עַ	עָ
i	e	e	e	a	a	a

עוּ	עֻ	עֳ	עוֹ	עֹ	עִי
u	u	o	o	o	i

PEH

פִּי	פִּ	פֶּ	פֵּ	פַּ	פָּ
pi	pi	pe	pe	pa	pa

פְּ	פּוּ	פֻּ	פּוֹ	פֹּ
pe (short e)	pu	pu	po	po

FEH

פִי	פִ	פֶ	פֵ	פַ	פָ
fi	fi	fe	fe	fa	fa

פְ	פוּ	פֻ	פוֹ	פֹ
fe (short e)	fu	fu	fo	fo

Practice reading the letters below (from right to left). (10)

TSADI

צִי	צִ	צֶ	צֵ	צַ	צָ
tsi	tsi	tse	tse	tsa	tsa

צְ	צוּ	צֻ	צוֹ	צֹ
tse (short e)	tsu	tsu	tso	tso

KUF

קִי	קִ	קֶ	קֵ	קַ	קָ
ki	ki	ke	ke	ka	ka

קְ	קוּ	קֻ	קוֹ	קֹ
ke (short e)	ku	ku	ko	ko

RESH

רִי	רִ	רֶ	רֵ	רַ	רָ
ri	ri	re	re	ra	ra

רְ	רוּ	רֻ	רוֹ	רֹ
re (short e)	ru	ru	ro	ro

Practice reading the letters below (from right to left). 11

SHIN

שִׁ	שֶׁ	שֵׁ	שַׁ	שָׁ
shi	she	she	sha	sha
שְׁ	שׁוּ	שֻׁ	שׁוֹ	שִׁי
she (short e)	shu	shu	sho	shi

SIN

שִׂ	שֶׂ	שֵׂ	שַׂ	שָׂ
si	se	se	sa	sa
שְׂ	שׂוּ	שֻׂ	שׂוֹ	שִׂי
se (short e)	su	su	so	si

TAV

תִי	תִ	תֶ	תֵ	תַ	תָ
ti	ti	te	te	ta	ta
תְ	תוּ	תֻ	תוֹ	תֹ	
te (short e)	tu	tu	to	to	

MORE READING OF

HEBREW LETTERS

The audio tracks in this section
are numbered

 12   to   16

MORE READING OF HEBREW LETTERS (12)

(method on pp. 2-5)

1) Practice reading the Hebrew letters below (from right to left).

2) The English letters below the Hebrew should be covered while reading (they are a guide to the pronunciation).

The Sound A (as in father)

					Line
דַ da	גָ ga	בָ va	בַּ ba	אָ a	.1
טַ ta	חֲ cha	זָ za	וַ va	הֲ ha	.2
מַ ma	לָ la	כַ cha	כָּ ka	יַ ya	.3
פַ fa	פָּ pa	עֲ a	סָ sa	נַ na	.4
שָׂ sa	שַׁ sha	רָ ra	קַ ka	צָ tsa	.5
				תַ ta	.6

Practice reading the letters below (from right to left). (13)

The Sound E (as in pet)

					Line
דֶ	גֶ	בֶ	בֵּ	אֶ	.1
de	ge	ve	be	e	
טֶ	חֶ	זֵ	וֵ	הֱ	.2
te	che	ze	ve	he	
מֵ	לֶ	כֵ	כֶּ	יֵ	.3
me	le	che	ke	ye	
פֵ	פֶּ	עֱ	סֵ	נֶ	.4
fe	pe	e	se	ne	
שֵׂ	שֶׁ	רֵ	קֶ	צֵ	.5
se	she	re	ke	tse	
				תֵ	.6
				te	

Practice reading the letters below (from right to left). 14

The Sound I (as in fig)

					Line
דִ	גִ	בִ	בִּ	אִ	.1
di	gi	vi	bi	i	
טִ	חִ	זִ	וִ	הִ	.2
ti	chi	zi	vi	hi	
מִ	לִ	כִ	כִּ	יִ	.3
mi	li	chi	ki	yi	
פִ	פִּ	עִ	סִ	נִ	.4
fi	pi	i	si	ni	
שִׂ	שִׁ	רִ	קִ	צִ	.5
si	shi	ri	ki	tsi	
				תִ	.6
				ti	

Practice reading the letters below (from right to left).

The Sound O (as in lord)

					Line
דֹ do	גוֹ go	בֹ vo	בּוֹ bo	אוֹ o	.1
טוֹ to	חֳ cho	זֹ zo	ווֹ vo	הוֹ ho	.2
מוֹ mo	לֹ lo	כוֹ cho	כֹּ ko	יוֹ yo	.3
פוֹ fo	פֹּ po	עֳ o	סֹ so	נֹ no	.4
שׂוֹ so	שׁוֹ sho	רֹ ro	קוֹ ko	צוֹ tso	.5
				תוֹ to	.6

Practice reading the letters below (from right to left). 16

The Sound U (as in put)

					Line
דֻ du	גוּ gu	בֻ vu	בּוּ bu	אוּ u	.1
טֻ tu	חוּ chu	זֻ zu	ווּ vu	הוּ hu	.2
מוּ mu	לֻ lu	כֻ chu	כּוּ ku	יוּ yu	.3
פֻ fu	פּוּ pu	עוּ u	סֻ su	נֻ nu	.4
שׂוּ su	שֻׁ shu	רֻ ru	קוּ ku	צוּ tsu	.5
				תוּ tu	.6

BEGINNING TO READ WORDS

The audio tracks in this section
are numbered

 17   to   22

BEGINNING TO READ WORDS

Read the Hebrew words below (from right to left).

The English meaning is in brackets.

17

			Line
אוֹ	אָז	אִם	.1
oh	az	im	
(or)	(then)	(if)	
זֶה	הֵם	גַּם	.2
zeh	hem	gam	
(this)	(they)	(also)	
כֵּן	כִּי	יֵשׁ	.3
ken	ki	yesh	
(yes)	(because)	(there is)	

Note:

A list of the words used in the book and their meanings is on p. 174 and p. 197.

Read the Hebrew words below (from right to left).   (18)

			Line
מַה	מִי	לֹא	.1
ma	miy	lo	
(what)	(who)	(no, not)	
רַק	עַל	עִם	.2
rak	al	im	
(only)	(on)	(with)	
הוּא	הִיא	שֶׁל	.3
hu	hiy	shel	
(he)	(she)	(of)	
רוֹב	יוֹם	טוֹב	.4
rov	yom	tov	
(most)	(day)	(good)	

Practice reading the syllables below (from right to left), and then the word they form. 19

WORD	SYLLABLE	SYLLABLE	Line
אַתָה a**ta** you (m.)	תָה ta	אַ a	.1
בַּיִת **ba**yit (house)	יִת yit	בַּ ba	.2
דָבָר da**var** (thing)	בָר var	דָ da	.3
חָדָשׁ cha**dash** (new)	דָשׁ dash	חָ cha	.4

Note:
The bold letters in the English transliteration in the left hand column shows where the accent should be.

Practice reading the syllables below (from right to left), and then the word they form.

WORD	SYLLABLE	SYLLABLE	Line
יֶלֶד	לֶד	יֶ	1.
yeled	led	ye	
(boy)			
לָמָה	מָה	לָ	2.
lama	ma	la	
(why)			
מִילָה	לָה	מִי	3.
mi**la**	la	mi	
(word)			
שֶׁלִי	לִי	שֶׁ	4.
she**li**	li	she	
(mine)			

Practice reading the syllables below (from right to left), and then the word they form.

21

WORD	SYLLABLE	SYLLABLE	Line
שֶׁלוֹ she**lo** (his)	לוֹ lo	שֶׁ she	.1
שָׁנָה sha**na** (year)	נָה na	שָׁ sha	.2
גָדוֹל ga**dol** (big)	דוֹל dol	גָ ga	.3
יוֹתֵר yo**ter** (more)	תֵר ter	יוֹ yo	.4

Practice reading the syllables below (from right to left), and then the word they form.

WORD	SYLLABLE	SYLLABLE	Line
מִסְפָּר mis**par** (number)	פָּר par	מִס mis	.1
מָקוֹם ma**kom** (place)	קוֹם kom	מָ ma	.2
שָׁלוֹם sha**lom** (peace)	לוֹם lom	שָׁ sha	.3
תוֹדָה to**da** (thanks)	דָה da	תוֹ to	.4

The words in this section are part of the 100 basic words (see p. 201).

Chapter 3

READING EXERCISES A

BEGINNING TO READ SENTENCES

EXERCISE 1

A) Read the syllables below (from right to left):

					Line
גָר	סוֹר	פֵ	פרוֹ	הַ	.1
gar	sor	fe	pro	ha	
		.דוֹן	לוֹנ	בְּ	.2
		don	lon	be	

B) Read the syllables below:

הַ - פרוֹ - פֵ - סוֹר   גָר   בְּ - לוֹנ - דוֹן.

C) Read the Hebrew sentence below:

הַפרוֹפֵסוֹר גָר בְּלוֹנדוֹן.

Vocabulary

in	בְּ	the	הַ
London	לוֹנדוֹן	professor	פרוֹפֵסוֹר
		lives	גָר

For the translation of these exercises turn to p. 152.

EXERCISE 2

24

A) Read the syllables below (from right to left):

					Line
מֵד	לוֹ	דֶנט	סטוּ	הַ	.1
med	lo	dent	stu	ha	
	נֶט.	טֶר	אִינ	בָּ	.2
	net	ter	in	ba	

B) Read the syllables below:

הַ - סטוּ - דֶנט   לוֹ - מֵד   בָּ - אִינ - טֶר - נֶט.

C) Read the Hebrew sentence below:

הַסטוּדֶנט לוֹמֵד בָּאִינטֶרנֶט.

Vocabulary

on	בָּ	the	הַ
internet	אִינטֶרנֶט	student	סטוּדֶנט
		studies	לוֹמֵד

EXERCISE 3

25

A) Read the syllables below (from right to left):

					Line
טָס	מָט	לוֹ	דִיפ	הַ	.1
tas	mat	lo	dip	ha	
טֶר.	קוֹפ	לִי	הֵ	בְּ	.2
ter	kop	li	he	be	

B) Read the syllables below:

הַ - דִיפ - לוֹ - מָט   טָס   בְּ - הֵ - לִי - קוֹפ - טֶר.

C) Read the sentence below:

הַדִיפלוֹמָט טָס בְּהֵלִיקוֹפטֶר.

Vocabulary

in	בְּ	the	הַ
helicopter	הֵלִיקוֹפטֶר	diplomat	דִיפלוֹמָט
		flies	טָס

EXERCISE 4

26

A) Read the syllables below (from right to left):

					Line
גָר	מֶן	טֶל	גֶ׳נ	הַ	.1
gar	men	tel	gen	ha	
		רִיס.	פָּ	בְּ	.2
		ris	pa	be	

B) Read the syllables below:

הַ - גֶ׳נ - טֶל - מֶן   גָר   בְּ - פָּ - רִיס.

C) Read the Hebrew sentence below:

הַגֶ׳נטֶלמֶן גָר בְּפָּרִיס.

Vocabulary

in	בְּ	the	הַ
Paris	פָּרִיס	gentleman	גֶ׳נטֶלמֶן
		lives	גָר

EXERCISE 5

A) Read the syllables below (from right to left):

					Line
גָר	יוֹן	טוֹר	הִיס	הַ	.1
gar	yon	tor	his	ha	

	דָה.	נָ	קָ	בְּ	.2
	da	na	ka	be	

B) Read the syllables below:

הַ - הִיס - טוֹר - יוֹן גָר בְּ - קָ - נָ - דָה.

C) Read the Hebrew sentence below:

הַהִיסטוֹריוֹן גָר בְּקָנָדָה.

Vocabulary

in	בְּ	the	הַ
Canada	קָנָדָה	historian	הִיסטוֹריוֹן
		lives	גָר

Chapter 4

LOAN WORDS

There are no audio tracks in this section.
The next audio track is on p. 47

LOAN WORDS

These are words adopted into Hebrew from other languages
(most of them come from English).

hobby	הוֹבִּי	commando	קוֹמַנדוֹ
tennis	טֶנִיס	chocolate	שׁוֹקוֹלָד
igloo	אִיגלוּ	apartheid	אַפּרטהַיד
telephone	טֶלֶפוֹן	diplomat	דִיפּלוֹמָט
status	סטָטוּס	democrat	דֶמוֹקרָטִי
catalogue	קָטָלוֹג	hamburger	הַמבּוּרגֶר
robot	רוֹבּוֹט	maximum	מַקסִימוּם
elegant	אֶלֶגַנטִי	positive	פּוֹזִיטִיבִי
embargo	אֶמבַּרגוֹ	professor	פּרוֹפֶסוֹר
express	אֶקספּרֶס	compost	קוֹמפּוֹסט
acrobat	אַקרוֹבָּט	rock and roll	רוֹקֶנרוֹל
doctor	דוֹקטוֹר	realist	רֵאָלִיסט
vitamin	וִיטָמִין	helicopter	הֶלִיקוֹפּטֶר
normal	נוֹרמָלִי	politics	פּוֹלִיטִיקָה
student	סטוּדֶנט	communist	קוֹמוּנִיסט
physics	פִיזִיקָה	capitalist	קָפִּיטָלִיסט
festival	פֶסטִיבָל	romance	רוֹמַנטִיקָה
paradox	פָּרָדוֹקס	optimist	אוֹפּטִימִיסט
cowboy	קָאוּבּוֹי		

More loan words can be found on p. 210.

Test yourself by turning to pp. 139-141.

Chapter 5

READING EXERCISES B

The audio tracks in this section are numbered

 28   to   32

EXERCISE 1

(28)

A) Read the syllables below (from right to left):

					Line
גָר	מוֹ	קִי	אֶס	הָ	.1
gar	mo	ki	es	ha	
	קָה.	לַס	אָ	בְּ	.2
	ka	las	a	be	

B) Read the syllables below:

הָ - אֶס - קִי - מוֹ   גָר   בְּ - אָ - לַס - קָה.

C) Read the Hebrew sentence below:

הָאֶסקִימוֹ גָר בְּאָלַסקָה.

Vocabulary

in	בְּ	the	הָ
Alaska	אָלַסקָה	Eskimo	אֶסקִימוֹ
		lives	גָר

For the translation of these exercises turn to p. 152.

EXERCISE 2

29

A) Read the syllables below (from right to left):

					Line
גָר	טֶקט	כִּי	אַר	הָ	.1
gar	tect	chi	ar	ha	
	דָם.	סטֶר	אַם	בְּ	.2
	dam	ster	am	be	

B) Read the syllables below:

הָ - אַר- כִּי - טֶקט גָר בְּ - אַם - סטֶר - דָם.

C) Read the Hebrew sentence below:

הָאַרכִּיטֶקט גָר בְּאַמסטֶרדָם.

Vocabulary

in	בְּ	the	הָ
Amsterdam	אַמסטֶרדָם	architect	אַרכִּיטֶקט
		lives	גָר

EXERCISE 3

30

A) Read the syllables below (from right to left):

					Line
קָ	רִי	מֵ	אָ	הָ	.1
ka	ri	me	a	ha	
צָה.	פִּי	הֵב	אוֹ	נִי	.2
tsa	pi	hev	o	ni	

B) Read the syllables below:

הָ - אָ - מֵ - רִי - קָ - נִי   אוֹ - הֵב   פִּי - צָה.

C) Read the Hebrew sentence below:

הָאָמֵרִיקָנִי אוֹהֵב פִּיצָה.

Vocabulary

likes	אוֹהֵב	the	הָ
pizza	פִּיצָה	American	אָמֵרִיקָנִי

EXERCISE 4

31

A) Read the syllables below (from right to left):

					Line
לִי	שֶׁ	בִּי	הוֹ	הַ	.1
li	she	bi	ho	ha	
		נִיס.	טֶ	הוּא	.2
		nis	te	hu	

B) Read the syllables below:

הַ - הוֹ - בִּי   שֶׁ - לִי   הוּא   טֶ - נִיס.

C) Read the Hebrew sentence below:

הַהוֹבִּי שֶׁלִּי הוּא טֶנִיס.

Vocabulary

it (is)	הוּא	the	הַ
tennis	טֶנִיס	hobby	הוֹבִּי
		my	שֶׁלִּי

EXERCISE 5

32

A) Read the syllables below (from right to left):

					Line
כֵל	אוֹ	לֶד	יֶ	הַ	.1
chel	o	led	ye	ha	
		גֶר.	בּוּר	הַמ	.2
		ger	bur	ham	

B) Read the syllables below:

הַ - יֶ - לֶד   אוֹ - כֵל   הַמ - בּוּר - גֶר.

C) Read the Hebrew sentence below:

הַיֶלֶד אוֹכֵל הַמבּוּרגֶר.

Vocabulary

eats	אוֹכֵל	the	הַ
hamburger	הַמבּוּרגֶר	boy	יֶלֶד

Chapter 6

BASIC WORDS

The audio tracks in this section are numbered

 33 to 36

BASIC WORDS

These words are used frequently in Hebrew.

Examples of basic words are:

		Transliteration
the	הַ	(ha)
in	בְּ	(be)
I	אֲנִי	(ani)
you	אַתָּה	(ata)
good	טוֹב	(tov)

The exercises on the following pages contain many basic words.

---

100 Basic Hebrew Words (see p. 201)

This is a list of 100 of the most frequently used words in Hebrew. They make up about 50 percent of the words used in spoken Hebrew. They should be learned by heart.

EXERCISE 1

A) Read the syllables below (from right to left):

עוֹ	תָה	אַ	מָה	Line
				.1
o	ta	a	ma	
	וִיד ?	דָ	שֶׂה,	.2
	vid	da	se	

B) Read the syllables below:

מָה אַ - תָה עוֹ - שֶׂה, דָ - וִיד ?

C) Read the Hebrew sentence below:

מָה אַתָה עוֹשֶׂה, דָוִיד ?

Vocabulary

do	עוֹשֶׂה	what	מַה
David	דָוִיד	you (m.)	אַתָה

The words מָה and אַתָה and עוֹשֶׂה are basic words and frequently used in Hebrew (see p. 201).

For the translation of these exercises turn to p. 152.

EXERCISE 2

34

A) Read the syllables below (from right to left):

				Line
בֵד	עוֹ	נִי	אֲ	.1
ved	o	ni	a	
בִיב.	אָ	תֵל	בְּ	.2
viv	a	tel	be	

B) Read the syllables below:

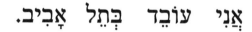

אֲ - נִי   עוֹ - בֵד   בְּ - תֵל   אָ - בִיב.

C) Read the Hebrew sentence below:

אֲנִי עוֹבֵד בְּתֵל אָבִיב.

Vocabulary

in	בְּ	I (m.)	אֲנִי
Tel Aviv	תֵל אָבִיב	work	עוֹבֵד

The words אֲנִי and עוֹבֵד and בְּ are frequently used in Hebrew (see p. 201).

EXERCISE 3

A) Read the syllables below (from right to left):

				Line
תָה	אַ	פֹּה	אֵי	.1
ta	a	foh	e	
			גָר?	.2
			gar	

B) Read the syllables below:

אֵי - פֹּה אַ - תָה גָר?

C) Read the Hebrew sentence below:

אֵיפֹּה אַתָה גָר?

Vocabulary

live	גָר	where	אֵיפֹּה
		you (m.)	אַתָה

The words אֵיפֹּה and אַתָה and גָר are frequently used in Hebrew (see p. 201).

EXERCISE 4

36

A) Read the syllables below (from right to left):

				Line
בִּר	גָר	נִי	אֲ	.1
bir	gar	ni	a	
	פוֹ.	יָ	חוֹב	.2
	fo	ya	chov	

B) Read the syllables below:

אֲ - נִי   גָר   בִּר - חוֹב   יָ - פוֹ.

C) Read the Hebrew sentence below:

אֲנִי גָר בִּרְחוֹב יָפוֹ.

Vocabulary

street	רְחוֹב	I (m.)	אֲנִי
Jaffa	יָפוֹ	live	גָר
		on	בִּ

The words אֲנִי and בִּ are frequently used in Hebrew (see p. 201).

Chapter 7

READING EXERCISES C

**The audio tracks in this section
are numbered**

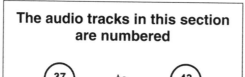

37 to 43

EXERCISE 1

37

A) Read the syllables below (from right to left):

					Line
טוּ	לֶק	טֶ	אִינ	הָ	.1
tu	lek	te	in	ha	
אֶ	בֶּ	בֵד	עוֹ	אָל	.2
e	be	ved	o	al	
כִּי	קָה	נִי	טרוֹ	לֶק	.3
ki	ka	ni	tro	lek	
נָ	טֶר	אַל	לוֹ	אֵין	.4
na	ter	al	lo	en	
רֶת.	חֶ	אַ	בָה	טִי	.5
ret	che	a	va	ti	

B) Read the syllables below:

Line

1. הָ - אִינ - טֶ - לֶק - טוּ - אָל   עוֹ - בֵד

2. בְּ - אֶ - לֶק - טרוֹ - נִי - קָה   כִּי   אֵין

3. לוֹ   אַל - טֶר - נָ - טִי - בָה   אַ - חֶ - רֶת.

C) Read the sentence below:

הָאִינטֶלֶקטוּאָל עוֹבֵד בְּאֶלֶקטרוֹנִיקָה כִּי
אֵין לוֹ אַלטֶרנָטִיבָה אַחֶרֶת.

Vocabulary

because	כִּי	the	הָ
he has no	אֵין לוֹ	intellectual	אִינטֶלֶקטוּאָל
alternative	אַלטֶרנָטִיבָה	works	עוֹבֵד
other	אַחֶרֶת	in	בְּ
		electronics	אֶלֶקטְרוֹנִיקָה

For the translation of these exercises turn to p. 153.

EXERCISE 2

38

A) Read the syllables below (from right to left):

					Line
רוֹ	בָּט	רוֹ	אַק	הָ	.1
ro	bat	ro	ak	ha	
בָל.	נָ	קַר	בַּ	קֶד	.2
val	na	kar	ba	ked	
לִי	צִיפּ	דִיס	לוֹ	יֵשׁ	.3
li	tsip	dis	lo	yesh	
דִי	אוֹר	קוֹ	וְ	נָה	.4
di	or	ko	ve	na	
			יָה.	נַצ	.5
			ya	nats	

B) Read the syllables below:

Line

.1 הָ - אַק - רוֹ - בָּט רוֹ - קֵד בַּ - קַר - נָ - בָל.

.2 יֵשׁ לוֹ דִיס - צִיפּ - לִי - נָה

.3 וְ - קוֹ - אוֹר - דִי - נַצ - יָה.

C) Read the sentence below:

הָאַקְרוֹבָּט רוֹקֵד בַּקַרְנָבָל.

יֵשׁ לוֹ דִיסְצִיפְּלִינָה וְקוֹאוֹרְדִינַצְיָה.

Vocabulary

he has	יֵשׁ לוֹ	the	הָ
discipline	דִיסְצִיפְּלִינָה	acrobat	אַקְרוֹבָּט
and	וְ	dances	רוֹקֵד
coordination	קוֹאוֹרְדִינַצְיָה	at	בַּ
		carnival	קַרְנָבָל

EXERCISE 3

39

A) Read the syllables below (from right to left):

Line					
.1	הַ	פִיז	יוֹ	תֵ	רָ
	ha	fiz	yo	te	ra
.2	פִּיסט	מְ	דַ	בֵּר	עִם
	pist	me	da	ber	im
.3	הַ	פַּצ	ייֶנט	בַּ	טֵ
	ha	pats	yent	ba	te
.4	לֵ	פוֹן.			
	le	fon			

B) Read the syllables below:

Line

.1 הַ - פִּיז - יוֹ - תֶ - רָ - פִּיסט   מְ - דַ - בֵּר

.2 עִם   הַ - פַּצ - יֶינט   בַּ - טֶ - לֶ - פוֹן.

C) Read the sentence below:

הַפִּיזיוֹתֶרָפִּיסט מְדַבֵּר עִם הַפַּצְיֶינט בַּטֶלֶפוֹן.

Vocabulary

the	הַ	the	הַ
patient	פַּצְיֶינט	physiotherapist	פִּיזיוֹתֶרָפִּיסט
on	בַּ	speaks	מְדַבֵּר
telephone	טֶלֶפוֹן	with	עִם

EXERCISE 4

40

A) Read the syllables below (from right to left):

					Line
אָ	גָר	לַנד	הוֹ	בְּ	.1
a	gar	land	ho	be	
פוֹ	הוּא	קְרָט.	טוֹ	רִיס	.2
fo	hu	krat	to	ris	
אֶ	וְ	נִי	גֶ	טוֹ	.3
e	ve	ni	ge	to	
בָל	אֲ	טִי,	גַנ	לֵ	.4
val	a	ti	gan	le	
בִי.	אִי	נָ	גַם	הוּא	.5
vi	i	na	gam	hu	

B) Read the syllables below:

Line

.1 בְּ - הוֹ - לַנד   גָר   אָ - רִיס - טוֹ - קרָט.

.2 הוּא   פוֹ - טוֹ - גֶ - נִי   וְ - אֶ - לֶ - גַנ - טִי,

.3 אֲ - בָל   הוּא   גַם   נָ - אִי - בִי.

C) Read the sentences below:

בְּהוֹלַנד גָר אָרִיסטוֹקרָט. הוּא פוֹטוֹגֶנִי
וְאֶלֶגַנטִי, אֲבָל הוּא גַם נָאִיבִי.

Vocabulary

and	וְ	in	בְּ
elegant	אֶלֶגַנטִי	Holland	הוֹלַנד
but	אֲבָל	lives	גָר
he (is)	הוּא	aristocrat	אָרִיסטוֹקרָט
also	גַם	he (is)	הוּא
naive	נָאִיבִי	photogenic	פוֹטוֹגֶנִי

EXERCISE 5

A) Read the syllables below (from right to left):

					Line
דַ	מְ	טוֹר	דוֹק	הַ	.1
da	me	tor	dok	ha	
פוֹן.	לֵ	טֵ	בַּ	בֵּר	.2
fon	le	te	ba	ber	
לוֹ	שֶׁ	רָד	מִשׂ	בַּ	.3
lo	she	rad	mis	ba	
יוֹ	בִּ	טִי	אַנ	יֵשׁ	.4
yo	bi	ti	an	yesh	
			קָה.	טִי	.5
			ka	ti	

B) Read the syllables below:

Line

1. הַ - דוֹק - טוֹר   מְ - דַ - בֵּר

2. בַּ - טֶ - לֶ - פוֹן.   בַּ - מִשְׂ - רָד

3. שֶׁ - לוֹ   יֵשׁ   אַנ - טִי - בִּ - יוֹ - טִי - קָה.

C) Read the sentences below:

הַדוֹקְטוֹר מְדַבֵּר בַּטֶלֶפוֹן.

בַּמִשְׂרָד שֶׁלוֹ יֵשׁ אַנְטִיבִּיוֹטִיקָה.

Vocabulary

in	בַּ	the	הַ
office	מִשְׂרָד	doctor	דוֹקְטוֹר
his	שֶׁלוֹ	speaks	מְדַבֵּר
there is	יֵשׁ	on	בַּ
antibiotics	אַנְטִיבִּיוֹטִיקָה	telephone	טֶלֶפוֹן

EXERCISE 6

42

A) Read the syllables below (from right to left):

					Line
הוּא	סוֹר	פֵ	פּרוֹ	הַ	.1
hu	sor	fe	pro	ha	
הוּא	מָה.	לֵ	דִי	בְּ	.2
hu	ma	le	di	be	
בָל	אֱ	יוֹן,	טוֹר	הִיס	.3
val	a	yon	tor	his	
יוֹת	לִה	צֶה	רוֹ	הוּא	.4
yot	lih	tse	ro	hu	
	לוֹג.	אוֹ	כֵ	אַר	.5
	log	o	che	ar	

B) Read the syllables below:

Line

.1 הַ - פרוֹ - פֶ - סוֹר הוּא בְּ - דִי - לֶ - מָה.

.2 הוּא הִיס - טוֹר - יוֹן, אֲ - בָל הוּא

.3 רוֹ - צֶה לִה - יוֹת אַר - כֵ - אוֹ - לוֹג.

C) Read the sentences below:

הַפּרוֹפֶסוֹר הוּא בְּדִילֶמָה. הוּא הִיסטוֹריוֹן,

אֲבָל הוּא רוֹצֶה לִהיוֹת אַרכֵאוֹלוֹג.

Vocabulary

historian	הִיסטוֹריוֹן	the	הַ
but	אֲבָל	professor	פּרוֹפֶסוֹר
he	הוּא	he (is)	הוּא
wants	רוֹצֶה	in	בְּ
to be	לִהיוֹת	dilemma	דִילֶמָה
archeologist	אַרכֵאוֹלוֹג	he (is)	הוּא

EXERCISE 7

43

A) Read the syllables below (from right to left):

					Line
פוֹ	בַּ	מָה	דרָ	יֵשׁ	.1
po	ba	ma	dra	yesh	
יֵשׁ	וְ	קָה	טִי	לִי	.2
yesh	ve	ka	ti	li	
רִי	טוֹ	רֵ	בֵּה	הַר	.3
ri	to	re	be	har	
הַ	מִים	עָ	לִפ	קָה.	.4
ha	mim	a	lif	ka	
אֵ	קָה	טִי	לִי	פּוֹ	.5
e	ka	ti	li	po	
וְ	לִית	נָ	יוֹ	מוֹצ	.6
ve	lit	na	yo	mots	

7. לִפ   עָ   מִים   סוּ   רֶ

lif   a   mim   su   re

8. אָ   לִיס   טִית.

a   lis   tit

B) Read the syllables below:

Line

1. יֵשׁ   דרָ - מָה   בַּ - פּוֹ - לִי - טִי - קָה

2. וְ - יֵשׁ   הַר - בֵּה   רֶ - טוֹ - רִי - קָה.   לִפ - עָ- מִים

3. הַ - פּוֹ - לִי - טִי - קָה   אֶ - מוֹצ - יוֹ - נָ - לִית

4. וְ - לִפ - עָ - מִים   סוּ - רֶ - אָ - לִיס - טִית.

C) Read the sentences below:

יֵשׁ דרָמָה בַּפּוֹלִיטִיקָה וְיֵשׁ הַרבֵּה
רֶטוֹרִיקָה. לִפעָמִים הַפּוֹלִיטִיקָה אֶמוֹציוֹנָלִית
וְלִפעָמִים סוּרֶאָלִיסטִית.

Vocabulary (from pp. 74-75)

יֵשׁ	there is
דרָמָה	drama
בַּ	in
פּוֹלִיטִיקָה	politics
וְ	and
יֵשׁ	there is
הַרְבֵּה	a lot of
רֵטוֹרִיקָה	rhetoric
לִפְעָמִים	sometimes
הַ	the
פּוֹלִיטִיקָה	politics
אֵמוֹציוֹנָלִית	emotional
וְ	and
לִפְעָמִים	sometimes
סוּרֵאָלִיסְטִית	surrealistic

The translations of the exercises in this section are on p. 153.

Chapter 8

OPPOSITES

The audio track in this section is numbered

44

OPPOSITES

The study of opposites stimulates basic thinking skills and helps with language development.

Below are some common opposites. 44

			Transliteration
1.	son	בֵּן	(ben)
	daughter	בַּת	(bat)
2.	yes	כֵּן	(ken)
	no	לֹא	(lo)
3.	here	פֹּה	(po)
	there	שָׁם	(sham)
4.	man	אִישׁ	(ish)
	woman	אִישָׁה	(**isha**)
5.	boy	יֶלֶד	(**ye**led)
	girl	יַלְדָּה	(yal**da**)
6.	big	גָּדוֹל	(ga**dol**)
	small	קָטָן	(ka**tan**)
7.	good	טוֹב	(tov)
	bad	רַע	(ra)

(opposites - cont.)

			Transliteration
8.	easy	קַל	(kal)
	difficult	קָשֶׁה	(ka**she**)
9.	hot	חַם	(cham)
	cold	קַר	(kar)
10.	cheap	זוֹל	(zol)
	expensive	יָקָר	(ya**kar**)
11.	new	חָדָשׁ	(cha**dash**)
	old	יָשָׁן	(ya**shan**)
12.	weak	חַלָשׁ	(cha**lash**)
	strong	חָזָק	(cha**zak**)
13.	yesterday	אֶתמוֹל	(et**mol**)
	tomorrow	מָחָר	(ma**char**)
14.	day	יוֹם	(yom)
	night	לַילָה	(**lai**la)

Test yourself by turning to p. 142.

A list of more opposites can be found on p. 218.

Chapter 9

READING EXERCISES D

The audio tracks in this section
are numbered

 45   to   49

The following exercises are preparation for chapter 10 (see p. 93-97).

EXERCISE 1

45

A) Read the syllables below (for reading help, see p. 158):

Line

1. בַּ - פֶּס - טִי - בָל   הַ - קָאוּ - בּוֹי   רוֹ - קֵד

2. רוֹ - קֶנ - רוֹל   וְ - הַ - פּוֹ - לִי - טִי - קַאי

3. מְ - נַ - גֵּן   בְּ - סַק - סוֹ - פוֹן.

B) Read the sentences below:

בַּפֶּסְטִיבָל הַקָּאוּבּוֹי רוֹקֵד רוֹקֶנְרוֹל

וְהַפּוֹלִיטִיקַאי מְנַגֵּן בְּסַקְסוֹפוֹן.

Vocabulary

and	וְ	at	בַּ
the	הַ	festival	פֶּסְטִיבָל
politician	פּוֹלִיטִיקַאי	the	הַ
plays	מְנַגֵּן	cowboy	קָאוּבּוֹי
on	בְּ	dances	רוֹקֵד
saxophone	סַקְסוֹפוֹן	rock and roll	רוֹקֶנְרוֹל

For the translation of these exercises turn to p. 153.

EXERCISE 2

46

A) Read the syllables below (for reading help, see p. 158):

Line

.1 הָ - אַס - טרוֹ - נָאוּט הָ - אָ - מֵ - רִי - קָ - נִי

.2 מְ - דַ - בֵּר בַּ - טֶ - לֶ - פוֹן עִם

.3 הַ - קוֹס - מוֹ - נָאוּט הָ - רוּ - סִי.

B) Read the sentences below:

הָאַסטרוֹנָאוּט הָאָמֵרִיקָנִי מְדַבֵּר בַּטֶלֶפוֹן

עִם הַקוֹסמוֹנָאוּט הָרוּסִי.

Vocabulary

הָ	the	טֶלֶפוֹן	telephone
אַסטרוֹנָאוּט	astronaut	עִם	with
אָמֵרִיקָנִי	American	קוֹסמוֹנָאוּט	cosmonaut
מְדַבֵּר	speaks	רוּסִי	Russian
בַּ	on		

EXERCISE 3

47

A) Read the syllables below (for reading help, see p. 159):

Line

1. הַ - בֵּן שֶׁל הַ - דוֹק - טוֹר הוּא דִּיפּ - לוֹ - מָט.

2. הוּא אוֹפּ - טִי - מִיסט וְ - גַם רֵ - אָ - לִיסט.

3. הוּא עוֹ - שֶׂה עֲ - בוֹ - דָה וו - לוּנ - טָ - רִית.

B) Read the sentences below:

הַבֵּן שֶׁל הַדוֹקטוֹר הוּא דִּיפּלוֹמָט. הוּא אוֹפּטִימִיסט וְגַם רֵאָלִיסט. הוּא עוֹשֶׂה עֲבוֹדָה וולוּנטָרִית.

Vocabulary

optimist	אוֹפּטִימִיסט	the	הַ
and	וְ	son	בֵּן
also	גַם	of	שֶׁל
realist	רֵאָלִיסט	the	הַ
he	הוּא	doctor	דוֹקטוֹר
does	עוֹשֶׂה	he (is)	הוּא
work	עֲבוֹדָה	diplomat	דִּיפּלוֹמָט
voluntary	וולוּנטָרִית	he (is)	הוּא

EXERCISE 4

48

A) Read the syllables below (for reading help, see p. 160):

Line

1. הַ - סטוּ - דֶנט הוּא פּוֹ - פּוּ - לָ - רִי וְ - יֵשׁ לוֹ
2. פּוֹ - טֶנ - צְיָאל. הוּא פֶּר - פֶּק - צִיוֹ - נִיסט.
3. הוּא לוֹ - מֵד מָ - תֵ - מָ - טִי - קָה
4. וְ - אֶ - לֶק - טרוֹ - נִי - קָה. הַ - הוֹ - בִּי
5. שֶׁ - לוֹ הוּא טֶ - נִיס. עַכ - שָׁיו הוּא
6. עוֹ - בֵד בְּפּ - רוֹ - יֶיקט אֶקס - קלוּ - סִי - בִי
7. עִם הַ - פּרוֹ - פֶ - סוֹר.

B) Read the sentences below:

הַסטוּדֶנט הוּא פּוֹפּוּלָרִי וְיֵשׁ לוֹ פּוֹטֶנצְיָאל.
הוּא פֶּרפֶקציוֹנִיסט. הוּא לוֹמֵד מָתֵמָטִיקָה
וְאֶלֶקטרוֹנִיקָה. הַהוֹבִּי שֶׁלוֹ הוּא טֶנִיס.
עַכשָׁיו הוּא עוֹבֵד בְּפּרוֹיֶיקט אֶקסקלוּסִיבִי
עִם הַפּרוֹפֶסוֹר.

Vocabulary

the	הַ	the	הַ
hobby	הוֹבִּי	student	סטוּדֶנט
his	שֶׁלוֹ	he (is)	הוּא
it (is)	הוּא	popular	פּוֹפּוּלָרִי
tennis	טֶנִיס	and	וְ
now	עַכשָׁיו	he has	יֵשׁ לוֹ
he	הוּא	potential	פּוֹטֶנצְיָאל
works	עוֹבֵד	he (is)	הוּא
on	בְּ	perfectionist	פֶּרפֶקציוֹנִיסט
project	פּרוֹיֶיקט	he	הוּא
exclusive	אֶקסקלוּסִיבִי	studies	לוֹמֵד
with	עִם	mathematics	מָתֵמָטִיקָה
the	הַ	and	וְ
professor	פּרוֹפֶסוֹר	electronics	אֶלֶקטרוֹנִיקָה

EXERCISE 5

A) Read the syllables below (for reading help, see p. 161):

Line

1. הַ - פּוֹ - לִי - טִי - קַאי הוּא אִישׁ
2. דוֹ - מִי - נַנ - טִי וְ - יֵשׁ לוֹ אַמ - בִּיצ - יָה.
3. אֲ - בָל הוּא גַם אֶ - מוֹצ - יוֹ - נָ - לִי .
4. הוּא גָר בִּמ - דִי - נָה דֶ - מוֹ - קְרָ - טִית.
5. הוּא אוֹ - מֵר שֶׁ - יֵשׁ לוֹ
6. אִינ - פוֹר - מַצ - יָה ספֵּ - צִי - פִית
7. וְ - אֶקס - קלוּ - סִי - בִית.

B) Read the sentences below:

הַפּוֹלִיטִיקַאי הוּא אִישׁ דוֹמִינַנטִי וְיֵשׁ לוֹ
אַמבִּיצִיָה. אֲבָל הוּא גַם אֶמוֹצִיוֹנָלִי. הוּא
גָר בִּמדִינָה דֶמוֹקרָטִית. הוּא אוֹמֵר שֶׁיֵשׁ
לוֹ אִינפוֹרמַצִיָה ספֵּצִיפִית וְאֶקסקלוּסִיבִית.

Vocabulary

he	הוּא	the	הַ
lives	גָר	politician	פּוֹלִיטִיקַאי
in	בְּ	he (is)	הוּא
state	מְדִינָה	man	אִישׁ
democratic	דֶמוֹקְרָטִית	dominant	דוֹמִינַנְטִי
he	הוּא	and	וְ
says	אוֹמֵר	he has	יֵשׁ לוֹ
that	שֶׁ	ambition	אַמְבִּיצְיָה
he has	יֵשׁ לוֹ	but	אֲבָל
information	אִינְפוֹרְמַצְיָה	he (is)	הוּא
specific	סְפֵּצִיפִית	also	גַם
and	וְ	emotional	אֱמוֹצְיוֹנָלִי
exclusive	אֶקְסְקְלוּסִיבִית		

Chapter 10

LISTENING SKILLS

The audio tracks in this section
are numbered

 50   to   69

LISTENING SKILLS

Listening to spoken Hebrew and understanding it is an important skill. To help improve your listening, Hebrew sentences in this section are read at four different speeds.

SPEED 1   Very Slow

SPEED 2   Slow

SPEED 3   Medium

SPEED 4   Fast

In these exercises, start listening at the slowest speed. When you feel that you can clearly hear each word, go on to the next speed.

HOW TO PREPARE

The exercises in this section have already been studied on pp. 83-89.

EXERCISE 1 (method on p. 83)

Listen to the sentences below at different speeds:

Very Slow	Slow	Medium	Fast
50	51	52	53

בַּפֶּסְטִיבָל הַקָּאוּבּוֹי רוֹקֵד רוֹקֶנְרוֹל
וְהַפּוֹלִיטִיקָאִי מְנַגֵּן בְּסַקְסוֹפוֹן.

EXERCISE 2 (method on p. 84)

Listen to the sentence below at different speeds:

Very Slow	**Slow**	**Medium**	**Fast**
54	55	56	57

הָאַסטרוֹנָאוּט הָאָמֵרִיקָנִי מְדַבֵּר
בַּטֵלֵפוֹן עִם הַקוֹסמוֹנָאוּט הָרוּסִי.

EXERCISE 3 (method on p. 85)

Listen to the paragraph below at different speeds:

Very Slow	**Slow**	**Medium**	**Fast**
58	59	60	61

הַבֵּן שֶׁל הַדוֹקטוֹר הוּא דִיפּלוֹמָט. הוּא
אוֹפּטִימִיסט וְגַם רֵאָלִיסט. הוּא עוֹשֶׂה
עֲבוֹדָה וולוּנטָרִית.

EXERCISE 4 (method on p. 86)

Listen to the paragraph below at different speeds:

Very Slow	**Slow**	**Medium**	**Fast**
62	63	64	65

הַסטוּדֶנט הוּא פּוֹפּוּלָרִי וְיֵשׁ לוֹ פּוֹטֶנצִיָאל.
הוּא פֶּרפֶקציוֹנִיסט. הוּא לוֹמֵד מָתֵמָטִיקָה
וְאֵלֶקטרוֹנִיקָה. הַהוֹבִּי שֶׁלוֹ הוּא טֵנִיס.
עַכשָׁיו הוּא עוֹבֵד בִּפרוֹיֶיקט אֶקסקלוּסִיבִי
עִם הַפּרוֹפֵסוֹר.

EXERCISE 5 (method on p. 88)

Listen to the paragraph below at different speeds:

Very Slow	**Slow**	**Medium**	**Fast**
66	67	68	69

הַפּוֹלִיטִיקָאי הוּא אִישׁ דוֹמִינַנְטִי וְיֵשׁ לוֹ
אַמבִּיצִיָה. אֲבָל הוּא גַּם אֵמוֹציוֹנָלִי. הוּא גָּר
בִּמדִינָה דֵמוֹקרָטִית. הוּא אוֹמֵר שֶׁיֵּשׁ לוֹ
אִינפוֹרמַציָה ספֵּצִיפִית וְאֶקסקלוּסִיבִית.

Chapter 11

LEARNING TO READ WITHOUT VOWEL SIGNS

The audio tracks in this section are numbered

70 to 74

The exercises on the following pages show a step-by-step way of learning to read without vowel signs.

EXERCISE 1

70

A) Read the Hebrew sentence below with vowel signs (for reading help, see p. 162):

הַסטוּדֶנטִית גָרָה בְּלוֹנדוֹן.

B) Read the sentence below with partial vowel signs:

הסטוּדנטית גָרה בּלוֹנדון.

C) Read the sentence below with no vowel signs:

הסטודנטית גרה בלונדון.

Vocabulary

in	בְּ	the	הַ
London	לוֹנדוֹן	student (f.)	סטוּדֶנטִית
		lives	גָרָה

The translation of these exercises is on p. 154.

EXERCISE 2

71

A) Read the Hebrew sentence below with vowel signs (for reading help, see p. 162):

הַגֵנֵרָל גָר בְּאַפְרִיקָה.

B) Read the sentence below with partial vowel signs:

הגֵנרל גָר בּאַפריקה.

C) Read the sentence below with no vowel signs:

הגנרל גר באפריקה.

Vocabulary

in	בְּ	the	הַ
Africa	אַפְרִיקָה	general	גֵנֵרָל
		lives	גָר

EXERCISE 3

A) Read the Hebrew sentence below with vowel signs (for reading help, see p. 162):

הַדִיפּלוֹמָט גָר בָּרֵפּוּבּלִיקָה שֶׁל אִירלַנד.

B) Read the sentence below with partial vowel signs:

הדיפּלוֹמָט גָר בּרֵפּובליקה שֶׁל אִירלנד.

C) Read the sentence below with no vowel signs:

הדיפלומט גר ברפובליקה של אירלנד.

Vocabulary

republic	רֵפּוּבּלִיקָה	the	הַ
of	שֶׁל	diplomat	דִיפּלוֹמָט
Ireland	אִירלַנד	lives	גָר
		in	בָּ

EXERCISE 4

73

A) Read the Hebrew sentence below with vowel signs (for reading help, see p. 162):

הַדִּיפּלוֹמָטִית הִיא פּוֹטוֹגֵנִית וְאֶלֶגַנְטִית.

B) Read the sentence below with partial vowel signs:

הדיפּלוֹמָטית הִיא פּוֹטוגנית ואֶלגנטית.

C) Read the sentence below with no vowel signs:

הדיפלומטית היא פוטוגנית ואלגנטית.

Vocabulary

photogenic	פּוֹטוֹגֵנִית	the	הַ
and	וְ	diplomat (f.)	דִּיפּלוֹמָטִית
elegant	אֶלֶגַנְטִית	she (is)	הִיא

EXERCISE 5

A) Read the Hebrew sentence below with vowel signs (for reading help, see p. 163):

בָּאֶנְצִיקְלוֹפֶּדְיָה יֵשׁ אִינְפוֹרְמַצְיָה.

B) Read the sentence below with partial vowel signs:

בּאֶנצִיקלוֹפדיה יֵשׁ אינפוֹרמציה.

C) Read the sentence below with no vowel signs:

באנציקלופדיה יש אינפורמציה.

Vocabulary

there is	יֵשׁ	in	בְּ
information	אִינפוֹרמַצְיָה	encyclopedia	אֶנצִיקלוֹפֶּדְיָה

Test yourself on reading without vowel signs by turning to pp. 143-145.

Chapter 12

WORDS IN THE NEWS

(Advanced)

**The audio tracks in this section
are numbered**

 75   to   87

WORDS IN THE NEWS

Studying words which are constantly repeated in news broadcasts and newspapers is a good way to improve your Hebrew. The exercises on the following pages include many news words.

For a list of common words in the news, see p. 222.

EXERCISE 1 (politicians)

75

Read the sentence below (for reading help, see p. 163):

בְּפָּרִיס שַׂר הָאוֹצָר נוֹסֵעַ בְּלִימוּזִינָה.

Vocabulary

travels	נוֹסֵעַ	in	בְּ
in	בְּ	Paris	פָּרִיס
limousine	לִימוּזִינָה	the finance minister	שַׂר הָאוֹצָר

The translations of the exercises in this section are on p. 154.

EXERCISE 2 (army)

76

Read the sentence below (for reading help, see p. 163):

שַׂר הַבִּיטָחוֹן נוֹסֵעַ בְּמֶרְצֶדֶס.

Vocabulary

in	בְּ	the defense minister	שַׂר הַבִּיטָחוֹן
Mercedes	מֶרְצֶדֶס	travels	נוֹסֵעַ

EXERCISE 3 (army)

Read the sentence below (for reading help, see p. 164):

הַחַיָּל נוֹסֵעַ בְּגִ׳יפּ.

Vocabulary

in	בְּ	the	הַ
jeep	גִ׳יפּ	soldier	חַיָּל
		travels	נוֹסֵעַ

EXERCISE 4 (weather)

Read the sentence below (for reading help, see p. 164):

יֵשׁ הוּרִיקָן קָרוֹב לְקוּבָּה.

Vocabulary

to	לְ	there is	יֵשׁ
Cuba	קוּבָּה	hurricane	הוּרִיקָן
		near	קָרוֹב

EXERCISE 5 (weather)

Read the sentence below (for reading help, see p. 164):

הַרְבֵּה גֶשֶׁם וְשֶׁלֶג יוֹרְדִים בְּלוֹנְדוֹן.

Vocabulary

is falling	יוֹרְדִים	a lot of	הַרְבֵּה
in	בְּ	rain	גֶשֶׁם
London	לוֹנְדוֹן	and	וְ
		snow	שֶׁלֶג

EXERCISE 6 (economy)

Read the sentence below (for reading help, see p. 164):

בְּתֵל אָבִיב יֵשׁ שְׁבִיתָה שֶׁל הַמוֹרִים.

Vocabulary

of	שֶׁל	in	בְּ
the	הַ	Tel Aviv	תֵל אָבִיב
teachers	מוֹרִים	there is	יֵשׁ
		a strike	שְׁבִיתָה

EXERCISE 7 (economy)

81

Read the sentence below (for reading help, see p. 165):

מְחִיר הַנֵּפט עוֹלֶה וְיֵשׁ אִינפלַצְיָה.

Vocabulary

and	וְ	price	מְחִיר
there is	יֵשׁ	the	הַ
inflation	אִינפלַצְיָה	petroleum	נֵפט
		rising	עוֹלֶה

EXERCISE 8 (economy)

82

Read the sentence below (for reading help, see p. 165):

שַׂר הָאוֹצָר אוֹמֵר שֶׁהַסֶּקטוֹר הַפִּינַנסִי חָזָק.

Vocabulary

sector	סֶקטוֹר	the finance minister	שַׂר הָאוֹצָר
financial	פִּינַנסִי	says	אוֹמֵר
strong	חָזָק	that	שֶׁ
		the	הַ

EXERCISE 9 (politics)

83

Read the sentence below (for reading help, see p. 165):

רֹאשׁ הַמֶּמְשָׁלָה מְדַבֵּר עִם דִּיפְלוֹמָט מֵאָמֵרִיקָה.

Vocabulary

diplomat	דִּיפְלוֹמָט	the prime minister	רֹאשׁ הַמֶּמְשָׁלָה
from	מֵ	speaks	מְדַבֵּר
America	אָמֵרִיקָה	with	עִם

EXERCISE 10 (politics)

84

Read the sentence below (for reading help, see p. 166):

שַׂר הַחוּץ הַבְּרִיטִי מְבַקֵּר בְּיִשְׂרָאֵל.

Vocabulary

visits	מְבַקֵּר	the foreign minister	שַׂר הַחוּץ
in	בְּ	the	הַ
Israel	יִשְׂרָאֵל	British	בְּרִיטִי

EXERCISE 11 (politics)

85

Read the sentence below (for reading help, see p. 166):

דִיפלוֹמָט אוֹסטרָלִי בָּא לִירוּשָׁלַיִם.

Vocabulary

to	לְ	diplomat	דִיפלוֹמָט
Jerusalem	יְרוּשָׁלַיִם	Australian	אוֹסטרָלִי
		comes	בָּא

EXERCISE 12 (economy)

86

Read the sentence below (for reading help, see p. 167):

הַפּוֹלִיטִיקַאי אוֹמֵר שֶׁיֵשׁ מַצָּב חָדָשׁ בַּמִזרָח הַתִיכוֹן.

Vocabulary

situation	מַצָּב	the	הַ
new	חָדָשׁ	politician	פּוֹלִיטִיקַאי
in	בַּ	says	אוֹמֵר
the Middle East	מִזרָח הַתִיכוֹן	that	שֶׁ
		there is	יֵשׁ

EXERCISE 13 (economy)

Read the sentence below (for reading help, see p. 167):

הַבְּעָיָה הַגְּדוֹלָה בַּהִיסטוֹרְיָה הִיא הַשִׁינוּי בָּאַקְלִים.

Vocabulary

it is	הִיא	the	הַ
the	הַ	problem	בְּעָיָה
change	שִׁינוּי	big, great	גְדוֹלָה
in	בָּ	in	בַּ
climate	אַקְלִים	history	הִיסטוֹרְיָה

Test yourself by turning to pp. 146-147.

Chapter 13

WRITING HEBREW

There are no audio tracks

in this section

The next audio track is on p. 143

BEGINNING TO WRITE

Handwritten Hebrew is called script and is written from right to left.

Letter Name	Script	Printed Letter	Phonetic Equivalent	Correct way to write Script
Aleph	א	א	(see comment)	
Bet	בּ	בּ	b	
Vet	ב	ב	v	
Gimmel	ג	ג	g	
Dalet	ד	ד	d	
Heh	ה	ה	h	
Vav	ו	ו	v	
Zayin	ז	ז	z	
Chet	ח	ח	ch (as in Bach)	
Tet	ט	ט	t	
Yud	י	י	y	
Kaf	כּ	כּ	k	
Chaf	כ	כ	ch (as in Bach)	

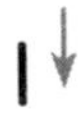

EXERCISE 1 (method on pp. 118-120)

Practice writing the Hebrew letters in the rows below
(write over the letters in grey with your pencil):

א	א	א	א	א	א	א	Aleph
	בּ	בּ	בּ	בּ	בּ	בּ	Bet
	ב	ב	ב	ב	ב	ב	Vet
	ג	ג	ג	ג	ג	ג	Gimmel
	ד	ד	ד	ד	ד	ד	Dalet
	ה	ה	ה	ה	ה	ה	Heh
	ו	ו	ו	ו	ו	ו	Vav
	ז	ז	ז	ז	ז	ז	Zayin

Practice writing the Hebrew letters in the rows below
(write over the letters in grey with your pencil):

ח	ח	ח	ח	ח	ח	ח	Chet
	ט	ט	ט	ט	ט	ט	Tet
	י	י	י	י	י	י	Yud
	כּ	כּ	כּ	כּ	כּ	כּ	Kaf
	כ	כ	כ	כ	כ	כ	Chaf
	ל	ל	ל	ל	ל	ל	Lamed
	מ	מ	מ	מ	מ	מ	Mem
	נ	נ	נ	נ	נ	נ	Nun
	ס	ס	ס	ס	ס	ס	Samech

Practice writing the Hebrew letters in the rows below
(write over the letters in grey with your pencil):

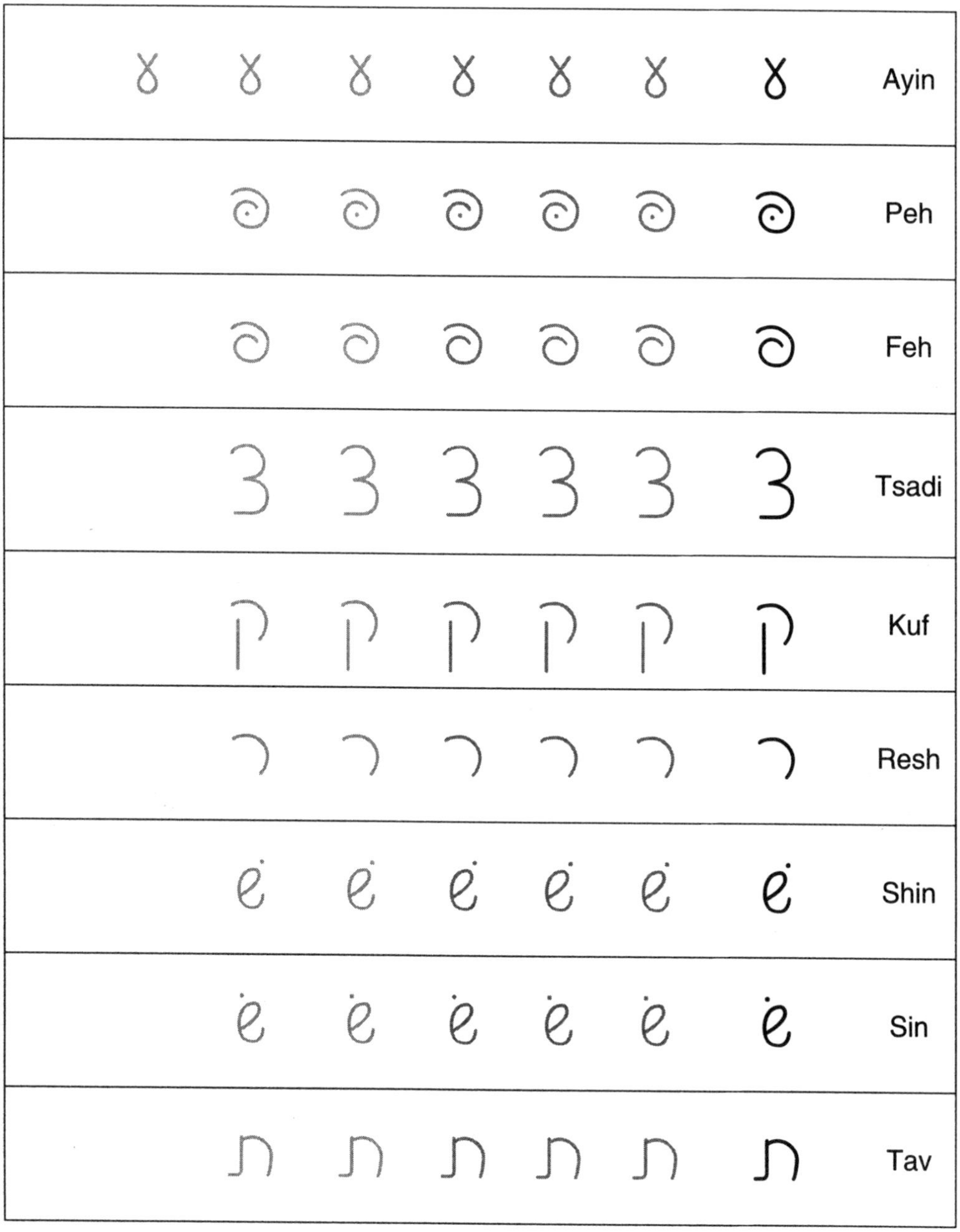

ꙭ	ꙭ	ꙭ	ꙭ	ꙭ	ꙭ	ꙭ	Ayin
ꙩ	ꙩ	ꙩ	ꙩ	ꙩ	ꙩ		Peh
ꙩ	ꙩ	ꙩ	ꙩ	ꙩ	ꙩ		Feh
3	3	3	3	3	3		Tsadi
ק	ק	ק	ק	ק	ק		Kuf
ר	ר	ר	ר	ר	ר		Resh
שׁ	שׁ	שׁ	שׁ	שׁ	שׁ		Shin
שׂ	שׂ	שׂ	שׂ	שׂ	שׂ		Sin
ת	ת	ת	ת	ת	ת		Tav

Practice writing the Hebrew letters in the rows below
(write over the letters in grey with your pencil):

ך	ך	ך	ך	ך	ך	Final Chaf
ם	ם	ם	ם	ם		Final Mem
ן	ן	ן	ן	ן		Final Nun
ף	ף	ף	ף	ף		Final Feh
ץ	ץ	ץ	ץ	ץ		Final Tsadi

EXERCISE 2

Written Hebrew letters can be grouped according to shape.

round	ב ד ה כ ס פ צ ר
straight	י ו מ נ ן
half round / half straight	ח ק ת ך
written from bottom to top	ט ל ש ע ף
combination of shapes	א ג ז ץ ם

Copy the Hebrew letters above into the table below.

round	
straight	
half round / half straight	
written from bottom to top	
combination of shapes	

EXERCISE 3

Write the words below in script (hand written Hebrew)
(answers on p.156):

	Script	Print	English
1.	טלפון	טֵלֵפוֹן	telephone
2.		טֵנִיס	tennis
3.		הוֹבִּי	hobby
4.		פֶסְטִיבָל	festival
5.		דִיפלוֹמָט	diplomat
6.		רוֹמַנטִיקָה	romance
7.		אוֹפטִימִיסט	optimist

Note:
Script is usually written without vowel signs.

EXERCISE 4

Print

הַסטוּדֶנט לוֹמֵד בָּאִינטֶרנֶט.

Script

הסטודנט לומד באינטרנט.

Write over the letters in grey with your pencil:

הסטודנט לומד באינטרנט.

Translation

The student studies on the internet.

EXERCISE 5

Print

רֹאשׁ הַמֶּמְשָׁלָה מְדַבֵּר עִם דִּיפְּלוֹמָט מֵאָמֶרִיקָה.

Script

ראש הממשלה מדבר עם דיפלומט מאמריקה.

Write over the letters in grey with your pencil:

ראש הממשלה מדבר עם
דיפלומט מאמריקה.

Translation

The prime minister speaks with a diplomat from America.

EXERCISE 6

Write the sentences below in script

(answers on p. 157; translations on p. 155):

Print

.1	הַהוֹבִּי שֶׁלִי הוּא טֵנִיס.
.2	הַדִּיפְּלוֹמָט טָס בְּהֵלִיקוֹפְּטֶר.
.3	הַיֶּלֶד אוֹכֵל הַמבּוּרגֶר.
.4	הַסטוּדֶנטִית לוֹמֶדֶת בָּאִינטֶרנֶט.
.5	הָאַרכִיטֶקט גָר בְּאַמסטֶרדָם.

Script

.1	ההובי
.2	
.3	
.4	
.5	

(exercise 6 - cont.)

Write out the sentences below in script

(answers on p. 157; translations on p. 155):

Print

הָאֶסְקִימוֹ גָר בְּאָלַסְקָה.	.6
בְּהוֹלַנד גָר אָרִיסטוֹקרָט אֱלֶגַנטִי.	.7
הַהִיסטוֹריוֹן הוּא פֶּרפֶקציוֹנִיסט.	.8
הַפִיזִיוֹתֵרָפִּיסט מְדַבֵּר עִם הַפַּצִייֶנט.	.9
הַאִינטֶלֶקטוּאָל הוֹלֵך לָאוּנִיבֶרסִיטָה.	.10

Script

האסקימו	.6
	.7
	.8
	.9
	.10

EXERCISE 7

Below are handwritten Hebrew letters (script).

Which of them have final forms ?

(method on p. 120 ; answers on p. 157)

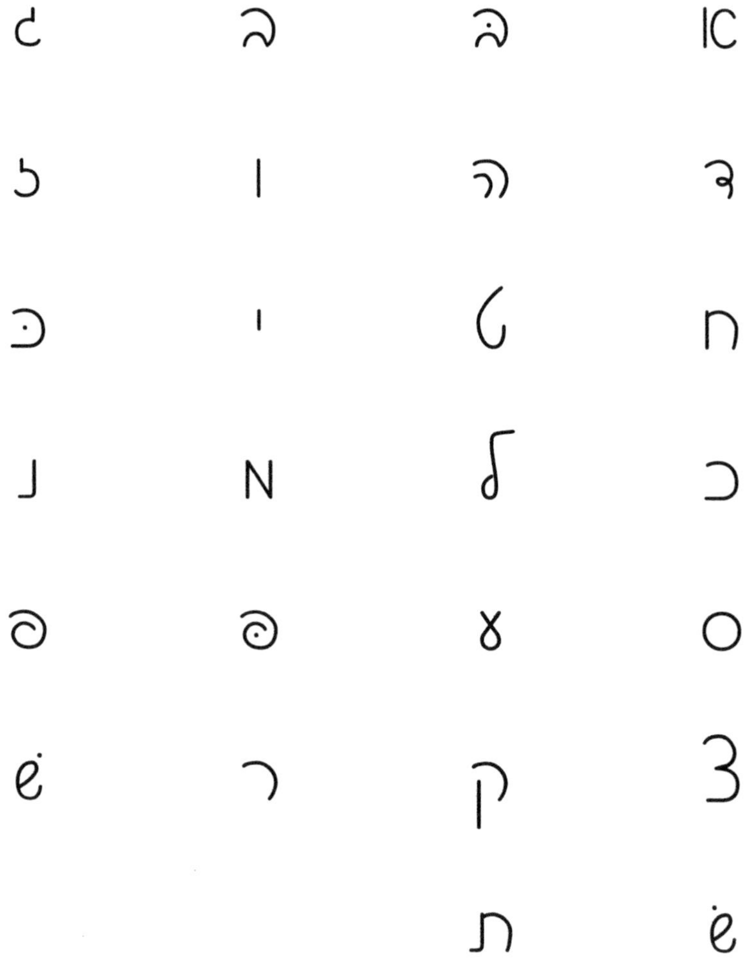

כ	ג	ג	א
ל	ן	ק	ד
ב	ן	ו	ה
ך	N	ד	כ
מ	פ	צ	ם
ע	ר	ק	3
		ת	ע

Chapter 14

TEST YOURSELF

The audio tracks in this section are numbered

 88   to   91

The next audio track is on p. 143

TEST YOURSELF

1 Hebrew Letters

Some Hebrew letters sound the same, but are different.

Write in the equivalent English sound of the Hebrew letters below (answers on p. 7):

Letter Name	Printed Letter	English Equivalent
Tet Tav	ט ת	t t
Kaf Kuf	כּ ק	
Vet Vav	ב ו	
Chaf Chet	כ ח	

2 Hebrew Letters

Some Hebrew letters look similar, but are different.

Write in the equivalent English sound of the Hebrew letters below (answers on p. 8):

Letter Name	Printed Letter	English Equivalent
Vet Chaf	ב כ	v ch (as in Bach)
Dalet Resh	ד ר	
Heh Chet	ה ח	
Vav Zayin	ו ז	
Ayin Tsadi	ע צ	
Samech Final Mem	ס ם	

3 **Hebrew Letters** (method on pp. 2-3; answers on p. 150)

1. Which Hebrew letter below has the same sound as כּ (kaf)?

ת (a

ק (b

2. Which letter below has the same sound as כ (chaf)?

ח (a

ט (b

3. Which letter below has the same sound as ב (vet)?

ח (a

ו (b

4. Which letter below has the same sound as ט (tet)?

ת (a

ק (b

4 Hebrew Letters

Which letters below have final forms?

(method on p. 4 ; answers on p. 150):

ג	ב	בּ	א
ז	ו	ה	ד
כֿ	י	ט	ח
נ	מ	ל	כ
פ	פּ	ע	ס
שׁ	ר	ק	צ
		ת	שׂ

5 Vowel Signs

Write in the pronunciation of the vowel signs below
(answers on p. 5):

Vowel Sign	Pronunciation
◌ַ / ◌ָ / ◌ֲ	a (as in father)
◌ֵ	
◌ֵי	
◌ֶ / ◌ֱ	
◌ִ / ◌ִי	
וֹ / ◌ֹ	
◌ֳ	
וּ / ◌ֻ	
◌ְ	

6 Loan Words (easy)

Match up the Hebrew and English columns below (method on p. 43 ; answers on p. 150):

Example: 1 = i

1. הוֹבִּי	a) acrobat
2. טֶנִיס	b) catalogue
3. קָטָלוֹג	c) chocolate
4. אִיגְלוּ	d) doctor
5. טֶלֶפוֹן	e) domino
6. סטָטוּס	f) embargo
7. סֶמֶסטֶר	g) express
8. סַרקָזם	h) hamburger
9. רוֹבּוֹט	i) hobby
10. אֶמבַּרגוֹ	j) igloo
11. אֶקספְּרֶס	k) maximum
12. אַקרוֹבָּט	l) robot
13. דוֹמִינוֹ	m) rock and roll
14. דוֹקטוֹר	n) sarcasm
15. וִיטָמִין	o) semester
16. רוֹקֶנרוֹל	p) status
17. סטוּדֶנט	q) student
18. שוֹקוֹלָד	r) telephone
19. הַמבּוּרגֶר	s) tennis
20. מַקסִימוּם	t) vitamin

7 **Loan Words** (more difficult)

Match up the Hebrew and English columns below
(method on p. 43 ; answers on p. 151):

Example: 2 = m

דרָמָתִי .1	a) ambition
נוֹרמָלִי .2	b) apartheid
סֶנסַציָה .3	c) aristocrat
פּלַסטִיק .4	d) astronaut
קָאוּבּוֹי .5	e) capitalism
אַמבִּיציָה .6	f) cowboy
אַפַּרטהַיד .7	g) democratic
דִיפּלוֹמָט .8	h) diplomat
דֵמוֹקרָטִי .9	i) dramatic
מַרקסִיזם .10	j) fictitious
ספּוֹנטָנִי .11	k) Marxism
פּוֹטֶנציָאל .12	l) microscope
פּוֹפּוּלָרִי .13	m) normal
פִּיקטִיבִי .14	n) optimist
פּוֹזִיטִיבִי .15	o) plastic
קָפִּיטָלִיזם .16	p) popular
מִיקרוֹסקוֹפּ .17	q) positive
אוֹפּטִימִיסט .18	r) potential
אַסטרוֹנָאוּט .19	s) sensation
אָרִיסטוֹקרָט .20	t) spontaneous

8 More Loan Words

What is the English meaning of the loan words below? (method on p. 6 ; answers on p. 151):

Example: 1 = job

ג'וֹבּ	.1	________
ג'וּדוֹ	.2	________
ג'וּנגֶל	.3	________
ג'וֹקֶר	.4	________
גֵ'ז	.5	________
גִ'ירָף	.6	________
גֵ'לִי	.7	________
גִ'ינגל	.8	________
גֶ'נטֶלמֶן	.9	________
ז'וּרנָל	.10	________
זָ'קֶט	.11	________
צִ'יטָה	.12	________
צִ'יפּס	.13	________
צֵ'לוֹ	.14	________
צֶ'ק	.15	________

9 Opposites

Match up the Hebrew and English columns below (method on p. 78; answers on p. 151):

Example: 1 = b

בֵּן	.1	אִישָׁה	(a
חַם	.2	בַּת	(b
כֵּן	.3	חָזָק	(c
פֹּה	.4	יַלְדָּה	(d
קַל	.5	יָקָר	(e
אִישׁ	.6	יָשָׁן	(f
יוֹם	.7	לֹא	(g
זוֹל	.8	לַילָה	(h
חָדָשׁ	.9	מָחָר	(i
חַלָּשׁ	.10	קָטָן	(j
טוֹב	.11	קַר	(k
יֶלֶד	.12	קָשֶׁה	(l
אֶתְמוֹל	.13	רַע	(m
גָּדוֹל	.14	שָׁם	(n

10 Reading With Vowel Signs

(method on pp. 101-105)

Read the sentences with vowel signs below:

הַהוֹבִּי שֶׁלִי הוּא טֵנִיס.	1
הַדִּיפּלוֹמָט טָס בְּהֶלִיקוֹפּטֶר.	2
הַיֶּלֶד אוֹכֵל הַמבּוּרגֶר.	3
הַסטוּדֶנטִית לוֹמֶדֶת בָּאִינטֶרנֶט.	4
הָאַרכִיטֶקט גָר בְּאַמסטֶרדָם.	5
הָאֶסקִימוֹ גָר בְּאָלַסקָה.	6
בְּהוֹלַנד גָר אָרִיסטוֹקרָט אֶלֶגַנטִי.	7
הַהִיסטוֹריוֹן הוּא פֶּרפֶקציוֹנִיסט.	8
הַפִיזִיוֹתֵרָפִּיסט מְדַבֵּר עִם הַפַּציֶינט.	9
הַאִינטֶלֶקטוּאָל הוֹלֵך לָאוּנִיבֶרסִיטָה.	10

Test Yourself

Read the same sentences with partial vowel signs on p. 144.

Read the same sentences without vowel signs on p. 145.

Can you translate the above sentences ? (answers on p. 155).

11 Reading With Partial Vowel Signs (89)

Read the sentences below:

הַהובי שֶׁלִּי הוּא טניס.	1
הַדיפּלומט טָס בּהֵליקופטר.	2
היֶלֶד אוֹכֵל הַמבּורגר.	3
הסטוּדנטית לוֹמֶדֶת בּאִינטרנט.	4
האַרכיטקט גָר בּאַמסטרדם.	5
הָאסקימוֹ גָר בּאָלסקה.	6
בּהוֹלנד גָר אריסטוֹקרט אֵלגנטי.	7
הַהיסטוֹריון הוּא פֶּרפקציוניסט.	8
הַפיזיוֹתרפיסט מְדַבֵּר עִם הפַּציינט.	9
הָאינטלקטוּאל הוֹלֵך לָאוניברסיטה.	10

12 Reading Without Vowel Signs

90

Read the sentences below (as a further challenge, the audio track is read at a slightly faster speed):

1	ההובי שלי הוא טניס.
2	הדיפלומט טס בהליקופטר.
3	הילד אוכל המבורגר.
4	הסטודנטית לומדת באינטרנט.
5	הארכיטקט גר באמסטרדם.
6	האסקימו גר באלסקה.
7	בהולנד גר אריסטוקרט אלגנטי.
8	ההיסטוריון הוא פרפקציוניסט.
9	הפיזיותרפיסט מדבר עם הפציינט.
10	האינטלקטואל הולך לאוניברסיטה.

13 **Advanced Section** (news words)

91

Read the sentences below.

They are the same as those on pp. 109-115, but without vowel signs (the audio track is also read at a slightly faster speed).

1. בפריס שר האוצר נוסע בלימוזינה.

2. שר הביטחון נוסע במרצדס.

3. החייל נוסע בג׳יפ.

4. יש הוריקן קרוב לקובה.

5. הרבה גשם ושלג יורדים בלונדון.

6. בתל אביב יש שביתה של המורים.

7. מחיר הנפט עולה ויש אינפלציה.

8. שר האוצר אומר שהסקטור הפיננסי חזק.

9. ראש הממשלה מדבר עם דיפלומט מאמריקה.

(advanced section - cont.)

10. שר החוץ הבריטי מבקר בישראל.

11. דיפלומט אוסטרלי בא לירושלים.

12. הפוליטיקאי אומר שיש מצב חדש במזרח התיכון.

13. הבעיה הגדולה בהיסטוריה היא השינוי באקלים.

Chapter 15

ANSWERS

There are no audio tracks

in this section

The next audio track is on p. 158

ANSWERS

1. See p. 7 (from p. 134)

2. See p. 8 (from p. 135)

3. (from p. 136)

1 - b	2 - a	3 - b	4 - a

4. (from p. 137)

The following letters have final forms:

כ (chaf), מ (mem), נ (nun), פ (feh) and צ (tsadi).

5. See p. 5 (from p. 138)

6. Loan Words (from p. 139)

1 - i	2 - s	3 - b	4 - j	5 - r	6 - p	7 - o	8 - n
9 - l	10 - f	11 - g	12 - a	13 - e	14 - d	15 - t	16 - m
17 - q	18 - c	19 - h	20 - k				

7. Loan Words (from p. 140)

1 - i	2 - m	3 - s	4 - o	5 - f	6 - a	7- b
8 - h	9 - g	10 - k	11 - t	12 - r	13 - p	14 - j
15 - q	16 - e	17 - l	18 - n	19 - d	20 - c	

8. Loan Words (from p. 141)

1 - job	2 - judo	3 - jungle
4 - joker	5 - jazz	6 - giraffe
7 - jelly	8 - jingle (n.)	9 - gentleman
10 - journal	11 - jacket	12 - cheetah
13 - chips	14 - cello	15 - check (n.)

9. Opposites (from p. 142)

1 - b (boy / girl)	8 - e (cheap / expensive)
2 - k (hot / cold)	9 - f (new / old)
3 - g (yes / no)	10 - c (weak / strong)
4 - n (here / there)	11 - m (good / bad)
5 - l (easy / difficult)	12 - d (boy / girl)
6 - a (man / woman)	13 - i (yesterday / tomorrow)
7 - h (day / night)	14 - j (big / small)

ENGLISH TRANSLATIONS

Reading Exercises A   (from pp. 35-39)

1.   The student studies on the internet.

2.   The professor lives in London.

3.   The diplomat flies in a helicopter.

4.   The gentleman lives in Paris.

5.   The historian lives in Canada.

Reading Exercises B   (from pp. 47-51)

1.   The Eskimo lives in Alaska.

2.   The architect lives in Amsterdam.

3.   The American likes pizza.

4.   My hobby is tennis.

5.   The boy eats a hamburger.

100 Basic Words (from pp. 56-59)

1.   What do you do, David?

2.   I work in Tel Aviv.

3.   Where do you live?

4.   I live on Jaffa street.

Reading Exercises C (from pp. 62-76)

1. The intellectual works in electronics because he has no other alternative.
2. The acrobat dances at the carnival. He has discipline and coordination.
3. The physiotherapist speaks with the patient on the telephone.
4. In Holland lives an aristocrat. He is photogenic and elegant, but he is also naive.
5. The doctor speaks on the telephone. There are antibiotics in his office.
6. The professor is in a dilemma. He is a historian, but he wants to be an archeologist.
7. There is drama in politics, and there is a lot of rhetoric. Sometimes politics is emotional and sometimes it is surrealistic.

Reading Exercises D (from pp. 83-89)

1. At the festival, the cowboy dances rock and roll, and the politician plays on the saxophone.
2. The American astronaut speaks on the telephone with the Russian cosmonaut.
3. The son of the doctor is a diplomat. He is an optimist and also a realist. He does voluntary work.
4. The student is popular and he has potential. He is a perfectionist. He studies mathematics and electronics. His hobby is tennis. He works now on an exclusive project with the professor.
5. The politician is a dominant man and has ambition. But he is also emotional. He lives in a democratic state. He says that he has specific and exclusive information.

Learning To Read Without Vowel Signs (from pp. 101-105)

1. The student (f.) lives in London.

2. The general lives in Africa.

3. The diplomat lives in the Republic of Ireland.

4. The diplomat (f.) is photogenic and elegant.

5. There is information in the encyclopedia.

News Sentences (from pp. 109-115)

1. In Paris the finance minister travels in a limousine.

2. The defense minister travels in a Mercedes.

3. The soldier travels in a jeep.

4. There is a hurricane near Cuba.

5. A lot of rain and snow is falling in London.

6. In Tel Aviv there is a teachers strike.

7. The price of petroleum is rising, and there is inflation.

8. The finance minister says that the financial sector is strong.

9. The prime minister speaks with a diplomat from America.

10. The British foreign minister visits Israel.

11. An Australian diplomat comes to Jerusalem.

12. The politician says that there is a new situation in the Middle East.

13. The biggest problem in history is the change in climate.

Writing Hebrew (from pp. 129-130)

Reading With Vowel Signs (from p. 143)

Reading With Partial Vowel Signs (from p. 144)

Reading Without Vowel Signs (from p. 145)

1.   My hobby is tennis.

2.   The diplomat flies in a helicopter.

3.   The boy eats a hamburger.

4.   The student (f.) studies on the internet.

5.   The architect lives in Amsterdam.

6.   The Eskimo lives in Alaska.

7.   In Holland lives an elegant aristocrat.

8.   The historian is a perfectionist.

9.   The physiotherapist speaks with the patient.

10.   The intellectual is walking to the university.

3. (from p. 126)

	Script	Print	English
1	טלפון	טֶלֶפוֹן	telephone
2	טניס	טֶנִיס	tennis
3	הובי	הוֹבִּי	hobby
4	פסטיבל	פֶּסְטִיבָל	festival
5	דיפלומט	דִיפְּלוֹמָט	diplomat
6	רומנטיקה	רוֹמַנְטִיקָה	romance
7	אופטימיסט	אוֹפְּטִימִיסְט	optimist

6. Writing Hebrew (from pp. 129-130)

ההובי שלי הוא טניס.	1
הדיפלומט טס בהליקופטר.	2
הילד אוכל המבורגר.	3
הסטודנטית לומדת באינטרנט.	4
הארכיטקט גר באמסטרדם.	5
האסקימו גר באלסקה.	6
בהולנד גר אריסטוקרט אלגנטי.	7
ההיסטוריון הוא פרפקציוניסט.	8
הפיזיותרפיסט מדבר עם הפציינט.	9
האינטלקטואל הולך לאוניברסיטה.	10

7. (from p. 131)
The following letters have final forms:

כ (chaf), מ (mem), נ (nun), פ (feh) and צ (tsadi).

Help For Reading Exercises D

(from p. 83, ex. 1)

92

									Line
קֶד	רוֹ	בּוֹי	קָאוּ	הַ	בָל	טִי	פֶס	בַּ	.1
ked	ro	boy	kau	ha	val	ti	fes	ba	
קַאי	טִי	לִי	פּוֹ	הַ	וְ	רוֹל	קֶן	רוֹ	.2
kai	ti	li	po	ha	ve	rol	ken	ro	
		פוֹן.	סוֹ	סַק	בְּ	גֶן	נַ	מְ	.3
		fon	so	sak	be	gen	na	me	

(from p. 84, ex. 2)

93

								Line
רִי	מֵ	אָ	הָ	נָאוּט	טרוֹ	אַס	הָ	.1
ri	me	a	ha	naut	tro	as	ha	
לֵ	טֵ	בַּ	בֵּר	דַ	מְ	נִי	קָ	.2
le	te	ba	ber	da	me	ni	ka	
רוּ	הָ	נָאוּט	מוֹ	קוֹס	הַ	עִם	פוֹן	.3
ru	ha	naut	mo	kos	ha	im	fon	
							סִי.	.4
							si	

(from p. 85, ex. 3)

94

Line								
1.	הַ	בֵּן	שֶׁל	הַ	דוֹק	טוֹר	הוּא	דִּיפּ
	ha	ben	shel	ha	dok	tor	hu	dip
2.	לוֹ	מָט.	הוּא	אוֹפּ	טִי	מִיסט	וְ	גַּם
	lo	mat	hu	op	ti	mist	ve	gam
3.	רֵ	אָ	לִיסט.	הוּא	עוֹ	שֶׂה	עֲ	בוֹ
	re	a	list	hu	o	se	a	vo
4.	דָה	וֹו	לוּנ	טָ	רִית.			
	da	vo	lun	ta	rit			

(from p. 86, ex. 4)

Line							
1.	הַ ha	סטוּ stu	דֶנט dent	הוּא hu	פּוֹ po	פּוּ pu	לָ la
2.	רִי ri	וְ ve	יֵשׁ yesh	לוֹ lo	פּוֹ po	טֶנ ten	צִיָאל. tsyal
3.	הוּא hu	פֶּר per	פֶּק fek	צִיוֹ tsyo	נִיסט. nist	הוּא hu	לוֹ lo
4.	מֵד med	מָ ma	תֵ te	מָ ma	טִי ti	קָה ka	וְ ve
5.	אֵ e	לֶק lek	טרוֹ tro	נִי ni	קָה. ka	הַ ha	הוֹ ho
6.	בִּי biy	שֶׁ she	לוֹ lo	הוּא hu	טֶ te	נִיס. nis	עַכ ach
7.	שָׁיו shav	הוּא hu	עוֹ o	בֵּד ved	בִּפּ bip	רוֹ ro	ייֶקט yekt
8.	אֶקס eks	קלוּ klu	סִי si	בִי vi	עִם im	הַ ha	פּרוֹ pro
9.	פֵּ fe	סוֹר. sor					

(from p. 88, ex. 5)

Line								
.1	הַ	פּוֹ	לִי	טִי	קַאי	הוּא	אִישׁ	דוֹ
	ha	po	li	ti	kai	hu	ish	do
.2	מִי	נַנ	טִי	וְ	יֵשׁ	לוֹ	אַמ	בִּיצ
	mi	nan	ti	ve	yesh	lo	am	bits
.3	יָה.	אֲ	בָל	הוּא	גַם	אֱ	מוֹצ	יוֹ
	ya	a	val	hu	gam	e	mots	yo
.4	נָ	לִי.	הוּא	גָר	בִּמ	דִי	נָה	דֵ
	na	li	hu	gar	bim	di	na	de
.5	מוֹ	קְרָ	טִית.	הוּא	אוֹ	מֵר	שֶׁ	יֵשׁ
	mo	kra	tit	hu	o	mer	she	yesh
.6	לוֹ	אִינ	פוֹר	מַצ	יָה	סְפֵּ	צִי	פִית
	lo	in	for	mats	ya	spe	tsi	fit
.7	וְ	אֶקס	קלוּ	סִי	בִית.			
	ve	eks	klu	si	vit			

Help For Learning to Read Without Vowel Signs

97

(from p. 101, ex. 1

Line							
.1	הַ	סטוּ	דֶנ	טִית	גָ	רָה	בֵּ
	ha	stu	den	tit	ga	ra	be
.2	לוֹנ	דוֹן.					
	lon	don					

98

(from p. 102, ex. 2)

Line									
.1	הַ	גֶ	נֶ	רָל	גָר	בְּ	אַפ	רִי	קָה.
	ha	ge	ne	ral	gar	be	af	ri	ka

99

(from p. 103, ex. 3)

Line									
.1	הַ	דִיפּ	לוֹ	מָט	גָר	בָּ	רֶ	פּוּבּ	לִי
	ha	dip	lo	mat	gar	ba	re	pub	li
.2	קָה	שֶׁל	אִיר	לַנד.					
	ka	shel	ir	land					

100

(from p. 104, ex. 4)

Line									
.1	הַ	דִיפּ	לוֹ	מָ	טִית	הִיא	פוֹ	טוֹ	גֶ
	ha	dip	lo	ma	tit	hi	fo	to	ge
.2	נִית	וְ	אֶ	לֶ	גַנ	טִית.			
	nit	ve	e	le	gan	tit			

101

(from p. 105, ex. 5)

Line								
1.	בָּ	אֶנ	צִי	קלוֹ	פֶּד	יָה	יֵשׁ	אִינ
	ba	en	tsi	klo	ped	ya	yesh	in
2.	פוֹר	מַצ	יָה.					
	for	mats	ya					

Help For Words In The News

102

(from p.109, ex. 1)

Line									
1.	בְּ	פָּ	רִיס	שַׂר	הָ	אוֹ	צָר	נוֹ	סֵ
	be	pa	ris	sar	ha	o	tsar	no	se
2.	עַ	בְּ	לִי	מוֹ	זִי	נָה.			
	a	be	li	mo	zi	na			

103

(from p. 109, ex. 2)

Line									
1.	שַׂר	הַ	בִּי	טָ	חוֹן	נוֹ	סֵ	עַ	בְּ
	sar	ha	bi	ta	chon	no	se	a	be
2.	מֶר	צֵ	דֶס.						
	mer	tse	des						

(from p. 110, ex. 3) — 104

Line

.1 הַ חַ ייַל נוֹ סֶ עַ בֶּ ג׳יפּ.

ha cha yal no se a be jip

(from p. 110, ex. 4) — 105

Line

.1 יֵשׁ הוּ רִי קָן קָ רוֹב לְ קוּ בָּה.

yesh hu ri kan ka rov le ku ba

(from p. 111, ex. 5) — 106

Line

.1 הַר בֵּה גֶ שֶׁם וְ שֶׁ לֶג יוֹר דִים

har be ge shem ve she leg yor dim

.2 בְּ לוֹנ דוֹן.

be lon don

(from p. 111, ex. 6) — 107

Line

.1 בְּ תֵל אָ בִיב יֵשׁ שְׁ בִי תָה שֶׁל

be tel a viv yesh she vi ta shel

.2 הַ מוֹ רִים.

ha mo rim

(from p. 112, ex. 7) — 108

	Line
אֵין יֵשׁ וְ לֶה עוֹ נֶפְט הַ חִיר מְ	.1
in yesh ve leh o neft ha chir me	
פְּלַצ יָה.	.2
flats ya	

(from p. 112, ex. 8) — 109

	Line
סֶק הַ שֶׁ מֶר אוֹ צָר אוֹ הָ שַׂר	.1
sek ha she mer o tsar o ha sar	
זָק. חָ סִי נַ פִּי הַ טוֹר	.2
zak cha si nan fi ha tor	

(from p. 113, ex. 9) — 110

	Line
עָם בֶּר דַ מְ לָה שָׁ מֶמ הַ רֹאשׁ	.1
im ber da me lah sha mem ha rosh	
קָה. רִי מֶ אָ מֶ מָט לוֹ דִיפ	.2
ka ri me a me mat lo dip	

(from p. 113, ex. 10)

111

									Line
קָר	בַּ	מְ	טִי	בְּרִי	הַ	חוּץ	הַ	שַׁר	.1
ker	va	me	ti	bri	ha	chuts	ha	sar	

					Line
אֶל.	רָ	יִשׁ	בְּ	.2
el	ra	yis	be	

(from p. 114, ex. 11)

112

									Line
רוּ	לִי	בָּא	לִי	טְרָ	אוֹס	מָט	לוֹ	דִיפּ	.1
ru	li	ba	li	tra	os	mat	lo	dip	

			Line
יְם.	לַ	שָׁ	.2
yim	la	sha	

166

(from p. 114, ex. 12)

113

									Line
יֵשׁ	שֶׁ	מֶר	אוֹ	קָאִי	טִי	לִי	פּוֹ	הַ	.1
yesh	she	mer	o	kai	ti	li	po	ha	

תִּי	הַ	רָח	מִז	בַּ	דָשׁ	חָ	צָב	מַ	.2
ti	ha	rach	miz	ba	dash	cha	tsav	ma	

כּוֹן.	.3
chon	

(from p. 115, ex. 13)

114

									Line
לָה	דוֹ	גְּ	הַ	יָה	עָ	בְּ	הַ		.1
la	do	ge	ha	ya	a	be	ha		

נוּי	שִׁי	הַ	הִיא	יָה	טוֹר	הִיס	בַּ	.2
nuy	shi	ha	hi	ya	tor	his	ba	

לִים.	אַק	בָּ	.3
lim	ak	ba	

167

Chapter 16

TOOLS

The next audio track is on p. 174

GLOSSARY

Active Verb (see also passive verb)
The subject is performing the action.
e.g. David hit the ball.

Adjective
A word that modifies a noun.
e.g. a **tall** man; a **wide** river.

Adverb
An adverb modifies a verb.
  e.g.   He walks **slowly**.
           She works **well**.

Alphabet
A series of symbols in which a
language is written (p. 2).

100 Basic Words
These are words which are
frequently used in Hebrew. They
make up about fifty percent of
words used in most conversations
(p. 201).

Conjugation
In grammar, this means derived
from the same root and refers to the
variation of verbs in voice, tense,
number and person.

Consonant
The sound formed by stopping
the breath or obstructing it in some
part of the mouth. In Hebrew, all the
letters of the alphabet are
consonants.

Gender
The grammatical classification of
nouns according to whether they
are masculine or feminine. There
is no neuter in Hebrew.

Guttural Letters
These are letters formed and
pronounced in the throat. In
Hebrew, the guttural letters
are ע, ח, א, and ה.

Imperative
The form of the verb expressing
orders and commands.
  e.g.   Keep off the grass.
           Don't do that.

Knesset
The Israeli parliament.

Infinitive
A verb usually preceded by
the word **to**.
e.g. to work, to eat, to see.

Loan Words
Words adopted into Hebrew from
other languages (p. 43).

Menorah
The seven-branched candelabrum
that was lit daily in the Jewish
Temple in Jerusalem, and which
has become a general symbol of
Judaism.

Noun
A word that names a person, place or thing.

Number
The classification of word forms into singular and plural.

Objective Pronouns
These pronouns act as the object of a sentence. Examples of objective pronouns are: **him**, **her**, **it**, **them**, **me**, **you** and **us** (p. 237).

e.g.   We all admired **him**.

David will meet **us** later.

Passive Verb (see also active verb)
The subject is receiving the action.
e.g. The ball was hit by David.

Person
The 1st person refers to the speaker(s) **I** or **we**.
The 2nd person refers to the person(s) the speaker is addressing: **you**.
The 3rd person refers to the person(s) spoken about:
he, **she**, **it** and **they**.

Pronoun
A word that substitutes for a noun or noun phrase.

Personal Pronouns
Personal pronouns can be 1st, 2nd or 3rd person. They are words often used instead of a noun to avoid repeating the noun.
e.g. Give Eli the book. **He** will give it to the manager.
Personal pronouns can be divided into a subjective form (subjective pronouns), an objective form (objective pronouns), a possessive form (possessive pronouns) and several other forms.

Plural
The form of words indicating that more than one is referred to.

Possessive Pronouns
These pronouns are used to indicate possession.
Examples of possessive pronouns are: **his**, **hers**, **its**, **theirs**, **mine**, **yours** and **ours** (p. 237).

e.g.   The umbrella is **his**.

The gloves are **mine**.

Preposition
A word which precedes a noun or pronoun. e.g. at, over, by, with.

Print
Typed letters (p. 2).

Script

As in other languages, there are two alphabets in Hebrew. The one is print, and the other is script which is written by hand (p. 118).

Subjective Pronouns

A subjective pronoun is a personal pronoun that is used as the subject of a sentence.

Examples of subjective pronouns are: **I**, **you**, **he**, **she**, **it**, **we** and **they** (p. 236).

   e.g.   **She** translated the book.

         We will build a house.

Syllable

A minimal unit of pronunciation (part of a word that can be sounded by itself).

e.g. The word **man** has one syllable, **man-ly** has two syllables, and **man-li-ness** has three syllables.

Also in Hebrew, a syllable can consist of more than one consonant, but has only one vowel.

Tense

The form of the verb indicating the time of the action.

There are three main tenses:
1. Past (I took); 2. Present (I take); 3. Future (I will take).

Transliteration

The representation or spelling of words of one language in the letters of another language.

Verb

A word that expresses action, occurrence, or state of being.

Verbal Noun

A verbal noun is derived from the same root as the verb, and serves as a noun describing the action of the verb.

Verb Pattern (Binyan)

A group of verbs which can be conjugated according to a certain pattern (p. 249).

Vowel

The sound produced when the breath passes through the mouth without obstruction. Examples of vowels in English are a, e, i, o, and u.

Vowel Signs

Signs placed on the side of, on top of, or under a Hebrew letter to indicate pronunciation (p. 5).

Vowel Vav

A vav (ו) that has a dot on the top of it (וֹ) which sounds like "o" as in "Lord", or on the side of it (וּ) which sounds like "u" as in "put".

LIST OF WORDS USED IN THIS BOOK

ENGLISH-HEBREW

(pp. 174-183)

HEBREW-ENGLISH

(pp. 197-187)

The audio tracks in this section are numbered

115 to 124

ENGLISH-HEBREW WORD LIST

115

A

above	מֵעַל
acrobat	אַקרוֹבָּט
Africa	אַפרִיקָה
against	נֶגֶד
agreement	הֶסכֵּם
airplane	מָטוֹס
Alaska	אָלַסקָה
almost, nearly	כִּמעַט
also	גַּם
alternative	אַלטֶרנָטִיבָה
ambition	אַמבִּיצְיָה
America	אָמֶרִיקָה
American	אָמֶרִיקָנִי
Amsterdam	אַמסְטֶרדָם
ancient, antique	עַתִיק
and	וְ
antibiotics	אַנטִיבִּיוֹטִיקָה
archeologist	אַרכֵיאוֹלוֹג
architect	אַרכִיטֶקט
aristocrat	אָרִיסטוֹקרָט
army	צָבָא
astronaut	אַסטרוֹנָאוּט
attack (n.)	הַתקָפָה
Australia	אוֹסטרַלְיָה
Australian	אוֹסטרָלִי

B

bad	רַע
because	כִּי
before	לִפנֵי
big	גָדוֹל
black	שָחוֹר
bomb (n.)	פְּצָצָה
border, limit	גְבוּל
boy	יֶלֶד
Brazil	בְּרָזִיל
British	בְּרִיטִי
budget	תַקצִיב
but	אֲבָל

C

can, be able	יָכוֹל
Canada	קָנָדָה
capitalist	קָפִּיטָלִיסְט
carnival	קַרְנָבָל
catalogue	קָטָלוֹג
cease-fire	הַפְסָקַת אֵשׁ
change (n.)	שִׁינוּי
chauvinist	שׁוֹבִינִיסְט
cheap	זוֹל
chocolate	שׁוֹקוֹלָד
citizen	אֶזְרָח
clear, obvious	בָּרוּר
client	קְלִייֶנְט
climate	אַקְלִים
close, near	קָרוֹב
cold (adj.)	קַר
come, comes	בָּא
commando	קוֹמַנְדוֹ
communist	קוֹמוּנִיסְט
compost	קוֹמְפּוֹסְט
coordination	קוֹאוֹרְדִינַצְיָה
correct (adj.)	נָכוֹן
cosmonaut	קוֹסְמוֹנָאוּט
court (of law)	בֵּית מִשְׁפָּט
cowboy	קָאוּבּוֹי
crime	פֶּשַׁע
crisis	מַשְׁבֵּר
Cuba	קוּבָּה
cyclone	צִיקְלוֹן

D

dance, dances	רוֹקֵד
dangerous	מְסוּכָּן
darkness	חוֹשֶׁךְ
daughter	בַּת
day	יוֹם
days	יָמִים
decision	הַחְלָטָה
defense minister	שַׂר הַבִּיטָּחוֹן

democratic דֵּמוֹקְרָטִי

demonstration הַפְגָּנָה

development הִתְפַּתְּחוּת

difficult, hard קָשֶׁה

dilemma דִּילֶמָּה

diplomat (m.) דִּיפְּלוֹמָט

diplomat (f.) דִּיפְּלוֹמָטִית

discipline דִּיסְצִיפְּלִינָה

do, does עוֹשֶׂה

doctor דּוֹקְטוֹר

dominant דּוֹמִינַנְטִי

drama דְּרָמָה

dramatic דְּרָמָתִי

E

east מִזְרָח

easy, simple קַל

eat, eats אוֹכֵל

economy כַּלְכָּלָה

education חִינּוּךְ

elections בְּחִירוֹת

electronics אֶלֶקְטְרוֹנִיקָה

elegant אֱלֶגַנְטִי

emergency חֵירוּם

emotional אֱמוֹצְיוֹנָלִי

encyclopedia אֶנְצִיקְלוֹפֶּדְיָה

England אַנְגְלִיָּה

enough מַסְפִּיק

Eskimo אֶסְקִימוֹ

evening עֶרֶב

everybody כּוּלָּם

exclusive אֶקְסְקְלוּסִיבִי

excuse me סְלִיחָה

expensive יָקָר

express אֶקְסְפְּרֶס

F

family מִשְׁפָּחָה

far, distant רָחוֹק

English-Hebrew Word List

festival	פֶּסְטִיבָל
fictitious	פִּיקְטִיבִי
finance minister	שַׂר הָאוֹצָר
financial	פִּינַנְסִי
first	רִאשׁוֹן
fly (in a plane)	טָס
foreign minister	שַׂר הַחוּץ
foreign office	מִשְׂרַד הַחוּץ
friend	יָדִיד
future	עָתִיד

G

general (n.)	גֶּנֶרָל
gentleman	גֶ'נְטֶלְמֶן
girl	יַלְדָּה
go down, descend	יוֹרֵד
go, walk	הוֹלֵךְ
good	טוֹב

H

hamburger	הַמְבּוּרְגֶר
happy	שָׂמֵחַ
he	הוּא
he, it was	הָיָה
he, it will be	יִהְיֶה
he has	יֵשׁ לוֹ
he hasn't	אֵין לוֹ
healthy	בָּרִיא
heavy	כָּבֵד
helicopter	הֶלִיקוֹפְּטֶר
hello, peace	שָׁלוֹם
here	פֹּה
him, it	אוֹתוֹ
his	שֶׁלּוֹ
historian	הִיסְטוֹרְיוֹן
historic	הִיסְטוֹרִי
history	הִיסְטוֹרְיָה
hobby	הוֹבִּי
Holland	הוֹלַנְד
holocaust	שׁוֹאָה
hope (n.)	תִּקְוָה
hot	חַם

English-Hebrew Word List

house, home	בַּיִת
how	אֵיךְ
hungry	רָעֵב
hurricane	הוּרִיקָן

I

I	אֲנִי
I have	יֵשׁ לִי
if	אִם
igloo	אִיגְלוּ
important	חָשׁוּב
in, on, at	בְּ
incorrect	לֹא נָכוֹן
independence	עַצְמָאוּת
inflation	אִינְפְלַצְיָה
information	אִינְפוֹרְמַצְיָה
inside	בִּפְנִים
intellectual	אִינְטֶלֶקְטוּאָל
internet	אִינְטֶרְנֶט
Iraq	עִירָק
Ireland	אִירְלַנְד
Israel	יִשְׂרָאֵל
Israeli	יִשְׂרְאֵלִי

J

jeep	גִ'יפּ
Jerusalem	יְרוּשָׁלַיִם
Jews	יְהוּדִים
joy	שִׂמְחָה

K

Knesset member	חָבֵר הַכְּנֶסֶת
know, knows	יוֹדֵעַ

L

last	אַחֲרוֹן
law	חוֹק
learn, learns	לוֹמֵד
left (adj.)	שְׂמֹאל
less	פָּחוֹת
light (n.)	אוֹר
like, love	אוֹהֵב
limousine	לִימוּזִינָה
line	קַו
little, bit	קְצָת
live, lives	גָּר
London	לוֹנְדוֹן

M

man, person	אִישׁ
materialism	מָטֶרְיָאלִיזם
mathematics	מָתֶמָטִיקָה
maximum	מַקְסִימוּם
meeting	פְּגִישָׁה
melody	מֶלוֹדִיָה
Mercedes	מֶרצֶדֶס
microscope	מִיקרוֹסקוֹפּ
the Middle East	הַמִזְרָח הַתִיכוֹן
minimum	מִינִימוּם
minister	שַׂר
missile	טִיל
modern	מוֹדֶרנִי
moment, instant	רֶגַע
more	יוֹתֵר
morning	בּוֹקֶר
most, majority	רוֹב
much, many	הַרְבֵּה
my, mine	שֶׁלִי

N

naive	נָאִיבִי
negotiations	מַשָׂא וּמַתָן
new	חָדָשׁ
new immigrant	עוֹלֶה חָדָשׁ
new immigrants	עוֹלִים חֲדָשִׁים
New York	נִיוּ יוֹרק
newspaper	עִיתוֹן
night	לַיְלָה
no, not	לֹא
normal	נוֹרמָלִי
north	צָפוֹן
now	עַכְשָׁיו
number (n.)	מִספָּר

O

of	שֶׁל
office	מִשְׂרָד
official	רִשְׁמִי
old, aged	זָקֵן
old (not new)	יָשָׁן

on	עַל
one	אֶחָד
only	רַק
opposition	הִתְנַגְּדוּת
optimist	אוֹפְּטִימִיסְט
or	אוֹ
organization	אִרְגּוּן
other	אַחֵר
our	שֶׁלָּנוּ
outside	בַּחוּץ

P

paradox	פָּרָדוֹקְס
Paris	פָּרִיס
patient	פַּצְיֶינְט
perfectionist	פֶּרְפֶקְצְיוֹנִיסְט
petroleum, oil	נֵפְט
photogenic	פוֹטוֹגֶנִי
physics	פִיזִיקָה
physiotherapist	פִיזְיוֹתֶרָפִּיסְט
pizza	פִּיצָה

place (n.)	מָקוֹם
plastic (n.)	פְּלַסְטִיק
play (music)	מְנַגֵּן
please	בְּבַקָּשָׁה
politician	פּוֹלִיטִיקַאי
politics	פּוֹלִיטִיקָה
popular	פּוֹפּוּלָרִי
positive	פּוֹזִיטִיבִי
possible (adj.)	אֶפְשָׁרִי
potential	פּוֹטֶנְצִיאָל
president	נָשִׂיא
pressure (n.)	לַחַץ
price, cost	מְחִיר
prime minister	רֹאשׁ הַמֶּמְשָׁלָה
primitive	פְּרִימִיטִיבִי
problem	בְּעָיָה
professor	פְּרוֹפֶסוֹר
progress	הִתְקַדְּמוּת
project	פְּרוֹיֶיקְט
public	צִיבּוּר

R

rain (n.)	גֶשֶׁם
realist	רֵאָלִיסְט
reason, cause	סִיבָּה
red	אָדוֹם
republic	רֶפּוּבְּלִיקָה
resign, resigns	מִתְפַּטֵּר
rhetoric	רֵטוֹרִיקָה
rise, ascend	עוֹלֶה
robot	רוֹבּוֹט
rock and roll	רוֹקֶנְרוֹל
romance	רוֹמַנְטִיקָה
Russia	רוּסְיָה

S

same	אוֹתוֹ הַדָּבָר
sarcasm	סַרְקַזְם
saxophone	סַקְסוֹפוֹן
say, says	אוֹמֵר
sector	סֶקְטוֹר
security	בִּיטָּחוֹן
see you	לְהִתְרָאוֹת
semester	סֶמֶסְטֶר
sensation	סֶנְסַצְיָה
she	הִיא
shelter (n.)	מִקְלָט
sick	חוֹלֶה
sing, sings	שָׁר
situation	מַצָּב
slowly	לְאַט
small	קָטָן
snow	שֶׁלֶג
socialism	סוֹצְיָאלִיזְם
soldier	חַיָּל
sometimes	לִפְעָמִים
son	בֵּן
sour	חָמוּץ
speak, speaks	מְדַבֵּר
specific	סְפֵּצִיפִי
spontaneous	סְפּוֹנְטָנִי
stage, phase	שָׁלָב
state, country	מְדִינָה
status	סָטָטוּס

still, yet	עֲדַיִין
street	רְחוֹב
strike (of workers)	שְׁבִיתָה
strong	חָזָק
student (m.)	סטוּדֶנט
student (f.)	סטוּדֶנְטִית
study, learn	לוֹמֵד
surrealistic	סוּרֵאָלִיסְטִי
sweet	מָתוֹק

T

target, goal	מַטָּרָה
teacher	מוֹרֶה
Tel Aviv	תֵּל אָבִיב
telephone (n.)	טֶלֶפוֹן
temporary	זְמַנִּי
tennis	טֶנִיס
terrorist	מְחַבֵּל
thank you	תּוֹדָה
that	שֶׁ
the	הַ
the old city	הָעִיר הָעַתִּיקָה
theatre	תֵּאַטְרוֹן
their	שֶׁלָּהֶם
them (m.)	אוֹתָם
then	אָז
there	שָׁם
there is	יֵשׁ
there is not	אֵין
they (m.)	הֵם
they (f.)	הֵן
thing	דָּבָר
think, thinks	חוֹשֵׁב
thirsty	צָמֵא
this (m.)	זֶה
time (n.)	זְמַן
to be	לִהְיוֹת
to meet	לְהִיפָּגֵשׁ
to tour	לְטַיֵּיל
to visit	לְבַקֵּר
to, for	לְ
travels (v.)	נוֹסֵעַ

U

under	מִתַּחַת
up, upwards	לְמַעְלָה
us	אוֹתָנוּ

V

very	מְאוֹד
visit (n.)	בִּיקּוּר
visit , visits (v.)	מְבַקֵּר
vitamin	וִיטָמִין
voluntary	ווֹלוּנְטָרִי

W

want, desire	רוֹצֶה
war (n.)	מִלְחָמָה
water	מַיִם
we	אֲנַחְנוּ
weapon, arms	נֶשֶׁק
week	שָׁבוּעַ
west	מַעֲרָב
what	מַה
when	מָתַי
where	אֵיפֹה
which	אֵיזֶה
white	לָבָן
who	מִי
why	לָמָה
with	עִם
woman, lady	אִשָּׁה
word	מִילָּה
work, works (v.)	עוֹבֵד

Y

year	שָׁנָה
yes	כֵּן
you (m.)	אַתָּה
you (f.)	אַתְּ
you (m. pl.)	אַתֶּם
you (f. pl.)	אַתֶּן
young	צָעִיר
yours (m.)	שֶׁלְּךָ
yours (f.)	שֶׁלָּךְ

HEBREW-ENGLISH WORD LIST

(pp. 197-187)

> **There are no audio tracks**
>
> **in this section**
>
> The next audio track is on p. 201

שׂ

שְׂמֹאל	left (adj.)
שָׂמֵחַ	happy
שִׂמְחָה	joy
שַׂר	minister
שַׂר הָאוֹצָר	finance minister
שַׂר הַבִּיטָחוֹן	defense minister
שַׂר הַחוּץ	foreign minister

ת

תֵאַטרוֹן	theatre
תוֹדָה	thank you
תֵל אָבִיב	Tel Aviv
תִקוָוה	hope (n.)
תַקְצִיב	budget

רֶגַע	moment
רוֹב	most
רוֹבּוֹט	robot
רוֹמַנְטִיקָה	romance
רוּסְיָה	Russia
רוֹצֶה	want, wants
רוֹקֵד	dance, dances
רוֹקֶנְרוֹל	rock and roll
רְחוֹב	street
רָחוֹק	far
רֵטוֹרִיקָה	rhetoric
רַע	bad
רָעֵב	hungry
רֵפּוּבְּלִיקָה	republic
רַק	only
רִשְׁמִי	official

שׁ

שֶׁ	that
שָׁבוּעַ	week
שְׁבִיתָה	strike (of workers)
שׁוֹאָה	holocaust
שׁוֹבִינִיסְט	chauvinist
שׁוֹקוֹלָד	chocolate
שָׁחוֹר	black
שִׁינוּי	change (n.)
שֶׁל	of
שָׁלָב	stage, phase
שֶׁלֶג	snow (n.)
שֶׁלָהֶם	their
שֶׁלוֹ	his
שָׁלוֹם	hello, peace
שֶׁלִי	my, mine
שֶׁלְךָ	yours (m.)
שֶׁלָךְ	yours (f.)
שֶׁלָנוּ	our
שָׁם	there
שָׁנָה	year
שָׁר	sing, sings

פרוֹיֶיקט	project
פרוֹפֶסוֹר	professor
פרִימִיטִיבִי	primitive
פָּרִיס	Paris
פֶּרפֶקציוֹנִיסט	perfectionist
פֶּשַׁע	crime

צ

צָבָא	army
צִיבּוּר	public
צִיקלוֹן	cyclone
צָמֵא	thirsty
צָעִיר	young
צָפוֹן	north

ק

קָאוּבּוֹי	cowboy
קַו	line
קוֹאוֹרדִינַצִיָה	coordination
קוּבָּה	Cuba
קוֹמוּנִיסט	communist
קוֹמַנדוֹ	commando
קוֹמפּוֹסט	compost
קוֹסמוֹנָאוּט	cosmonaut
קָטָלוֹג	catalogue
קָטָן	small
קַל	easy
קלִייֶנט	client
קָנָדָה	Canada
קָפִּיטָלִיסט	capitalist
קְצָת	little
קַר	cold
קָרוֹב	near
קַרנָבָל	carnival
קָשֶׁה	difficult

ר

רֵאָלִיסט	realist
רֹאשׁ הַמֶּמשָׁלָה	prime minister
רִאשׁוֹן	first

saxophone	סַקְסוֹפוֹן
sarcasm	סַרְקַזְם

ע

work, works	עֲבוֹדָה
past (n.)	עָבָר
still	עֲדַיִין
work, works	עוֹבֵד
rise, ascend	עוֹלֶה
new immigrant	עוֹלֶה חָדָשׁ
new immigrants	עוֹלִים חֲדָשִׁים
do, does	עוֹשֶׂה
Iraq	עִירָק
newspaper	עִיתוֹן
now	עַכְשָׁיו
on	עַל
with	עִם
independence	עַצְמָאוּת
evening	עֶרֶב
future	עָתִיד
ancient	עַתִּיק

פ

meeting	פְּגִישָׁה
here	פֹּה
positive	פּוֹזִיטִיבִי
photogenic	פוֹטוֹגֶנִי
potential	פּוֹטֶנְצְיָאל
politician	פּוֹלִיטִיקַאי
politics	פּוֹלִיטִיקָה
poster	פּוֹסְטֶר
popular	פּוֹפּוּלָרִי
less	פָּחוֹת
physiotherapist	פִיזְיוֹתֶרָפִּיסְט
physics	פִיזִיקָה
financial	פִינַנְסִי
pizza	פִּיצָה
fictitious	פִיקְטִיבִי
plastic	פְּלַסְטִיק
festival	פֶסְטִיבָל
bomb (n.)	פְּצָצָה
patient	פַּצְיֶינְט

מִקְלָט	shelter (n.)
מַקְסִימוּם	maximum
מֶרְצֶדֶס	Mercedes
מַשָּׂא וּמַתָּן	negotiations
מַשְׁבֵּר	crisis
מִשְׁפָּחָה	family
מִשְׂרָד	office
מִשְׂרַד הַחוּץ	foreign ministry
מָתוֹק	sweet
מִתַּחַת	under
מָתַי	when
מָתֵמָטִיקָה	mathematics
מִתְפַּטֵּר	resign, resigns

נ

נָאִיבִי	naive
נֶגֶד	against
נוֹסֵעַ	travels
נוֹרמָלִי	normal
נִיוּ יוֹרק	New York
נָכוֹן	correct (adj.)
נֵפט	petroleum
נָשִׂיא	president
נֶשֶׁק	weapons

ס

סוֹצִיָאלִיזם	socialism
סוּרֵאָלִיסטִי	surrealistic
סטוּדֶנט	student (m.)
סטוּדֶנטִית	student (f.)
סטָטוּס	status
סִיבָּה	reason
סְלִיחָה	excuse me
סֶמֶסטֶר	semester
סֶנסַציָה	sensation
ספּוֹנטָנִי	spontaneous
ספֶּצִיפִית	specific
סָפֵק	doubt (n.)
סֶקטוֹר	sector

לוֹמֵד	study, learn
לוֹנדוֹן	London
לַיְלָה	night
לִימוּזִינָה	limousine
לָמָה	why
לְמַעְלָה	up
לִפְנֵי	before
לִפְעָמִים	sometimes

מ

מְאוֹד	very
מְבַקֵּר	visit, visits
מְדַבֵּר	speak, speaks
מְדִינָה	state, country
מַה	what
מוֹדֶרְנִי	modern
מוֹרֶה	teacher
מִזְרָח	east
מְחִיר	price (n.)
מָטוֹס	airplane
מַטָּרָה	target
מָטֶרְיָאלִיזם	materialism
מִי	who
מֵידָע	information
מִילָה	word
מַיִם	water
מִינִימוּם	minimum
מִיקְרוֹסְקוֹפּ	microscope
מֶלוֹדְיָה	melody
מִלְחָמָה	war (n.)
מֵ / מִ	from
מְנַגֵּן	play, plays
מְסוּכָּן	dangerous
מַסְפִּיק	enough
מִסְפָּר	number (n.)
מֵעַל	over
מַעֲרָב	west
מַצָּב	situation
מָקוֹם	place (n.)

tennis	טֶנִיס
fly (in a plane)	טָס

י

friend	יָדִיד
Jews	יְהוּדִים
he, it will be	יִהְיֶה
day	יוֹם
fall, falls	יוֹרֵד
more	יוֹתֵר
can, be able	יָכוֹל
boy	יֶלֶד
girl	יַלְדָּה
expensive	יָקָר
Jerusalem	יְרוּשָׁלַיִם
there is	יֵשׁ
he has	יֵשׁ לוֹ
I have	יֵשׁ לִי
old (not new)	יָשָׁן
Israel	יִשְׂרָאֵל
Israeli	יִשְׂרְאֵלִי

כ

heavy	כָּבֵד
everyone	כּוּלָּם
because	כִּי
economy	כַּלְכָּלָה
almost	כִּמְעַט
yes	כֵּן

ל

to, for	לְ
no	לֹא
incorrect	לֹא נָכוֹן
slowly	לְאַט
white	לָבָן
to visit	לְבַקֵּר
to be	לִהְיוֹת
to meet	לְהִיפָּגֵשׁ
goodbye	לְהִתְרָאוֹת

agreement	הֶסְכֵּם
the old city	הָעִיר הָעַתִּיקָה
demonstration	הַפְגָּנָה
ceasefire	הַפְסָקַת אֵשׁ
much, many	הַרְבֵּה
opposition	הִתְנַגְּדוּת
development	הִתְפַּתְּחוּת
progress	הִתְקַדְּמוּת
attack (n.)	הַתְקָפָה

ו

and	וְ
voluntary	וולונטָרִי
vitamin	וִיטָמִין

ז

this (m.)	זֶה
cheap	זוֹל
time (n.)	זְמַן
temporary	זְמַנִּי
old, aged	זָקֵן

ח

Knesset member	חָבֵר הַכְּנֶסֶת
new	חָדָשׁ
sick	חוֹלֶה
law	חוֹק
think, thinks	חוֹשֵׁב
darkness	חוֹשֶׁךְ
strong	חָזָק
soldier	חַיָּל
education	חִינּוּךְ
emergency	חֵירוּם
weak	חַלָּשׁ
hot	חַם
sour	חָמוּץ
important	חָשׁוּב

ט

good	טוֹב
missile	טִיל
telephone	טֵלֵפוֹן

ג

גְבוּל	border
גֶבֶר	man
גָדוֹל	big
ג׳יפּ	jeep
גַם	also
ג׳נְטֶלְמֶן	gentleman
גֵנֵרָל	general
גָר	live, lives
גֶשֶׁם	rain (n.)

ד

דָבָר	thing
דוֹמִינַנְטִי	dominant
דוֹקְטוֹר	doctor
דִילֶמָה	dilemma
דִיפְּלוֹמָט	diplomat (m.)
דִיפְּלוֹמָטִית	diplomat (f.)
דִיסְצִיפְּלִינָה	discipline
דֵמוֹקְרָטִי	democratic
דְרָמָה	drama

ה

הַ	the
הוּא	he
הוֹבִּי	hobby
הוֹלֵךְ	go
הוֹלַנְד	Holland
הוּרִיקָן	hurricane
הַזֶה	this
הַחְלָטָה	decision
הִיא	she
הָיָה	he, it was
הִיסְטוֹרִי	historic
הִיסְטוֹרְיָה	history
הִיסְטוֹרְיוֹן	historian
הֶלִיקוֹפְּטֶר	helicopter
הֵם	they (m.)
הַמְבּוּרְגֶר	hamburger
הַמִזְרָח הַתִיכוֹן	the Middle East
הֵן	they (f.)
הִנֵה	here

אֲנַחְנוּ	we
אַנְטִיבִּיוֹטִיקָה	antibiotics
אֲנִי	I
אֶנְצִיקְלוֹפֶּדְיָה	encyclopedia
אֲנָשִׁים	people
אַסטרוֹנָאוּט	astronaut
אֶסקִימוֹ	Eskimo
אַפַּרטהַיד	apartheid
אֶפשָׁרִי	possible (adj.)
אַקלִים	climate
אֶקספּרֶס	express
אֶקסקלוּסִיבִי	exclusive
אַקרוֹבָּט	acrobat
אָרִיסטוֹקרָט	aristocrat
אַרכֵיאוֹלוֹג	archeologist
אַרכִיטֶקט	architect
אַתָּה	you (m.)
אַתְּ	you (f.)
אַתֶּם	you (m. pl.)
אַתֶּן	you (f. pl.)

ב

בְּ	in, on, at
בָּא	come, comes
בְּבַקָּשָׁה	please
בּוֹקֶר	morning
בַּחוּץ	outside
בְּחִירוֹת	elections
בִּיטָחוֹן	security
בִּיקוּר	visit (n.)
בַּיִת	house
בֵּית מִשְׁפָּט	court (of law)
בֵּן	son
בְּעָיָה	problem
בִּפנִים	inside
בָּרוּר	clear (adj.)
בְּרָזִיל	Brazil
בָּרִיא	healthy
בְּרִיטִי	British
בַּת	daughter

HEBREW-ENGLISH WORD LIST

א

אֲבָל	but
אָדוֹם	red
אוֹ	or
אוֹהֵב	like, love
אוֹכֵל	eat, eats
אוֹמֵר	say, says
אוֹסטרַליָה	Australia
אוֹסטרָלִי	Australian
אוֹפּטִימִיסט	optimist
אוֹר	light (n.)
אוֹתוֹ	him
אוֹתוֹ הַדָבָר	same
אוֹתָם	them
אוֹתָנוּ	us
אָז	then
אֶזרָח	citizen
אֶחָד	one
אַחֲרוֹן	last
אֵיזֶה	which
אֵיך	how
אֵין	no
אֵין לוֹ	he hasn't
אִינטֶלֶקטוּאָל	intellectual
אִינטֶרנֶט	internet
אִינפוֹרמַציָה	information
אִינפלַציָה	inflation
אֵיפֹה	where
אִירלַנד	Ireland
אִיש	man
אִישָה	woman
אֶלֶגַנטִי	elegant
אַלטֶרנָטִיבָה	alternative
אָלַסקָה	Alaska
אֶלֶקטרוֹנִיקָה	electronics
אִם	if
אַמבִּיציָה	ambition
אֶמוֹציוֹנָלִי	emotional
אַמסטֶרדָם	Amsterdam
אָמֵרִיקָה	America
אָמֵרִיקָנִי	American

APPENDICES

The audio tracks in this section
are numbered

 125   to   164

100 BASIC HEBREW WORDS

This list of 100 basic words makes up about 50 percent of the words used in spoken Hebrew (see pp. 55, 213).

			Transliteration
1	in	בְּ	(be)
2	the	הַ	(ha)
3	and	וְ	(ve)
4	to, for	לְ	(le)
5	from	מִ	(mi)
6	that	שֶׁ	(sheh)
7	if	אִם	(im)
8	you (f.)	אַת	(at)
9	then	אָז	(az)
10	or	אוֹ	(o)
11	also	גַּם	(gam)
12	they (m.)	הֵם	(hem)
13	this (m.)	זֶה	(zeh)
14	this (f.)	זֹאת	(zot)
15	there is	יֵשׁ	(yesh)
16	because	כִּי	(ki)
17	yes	כֵּן	(ken)
18	no	לֹא	(lo)
19	who	מִי	(miy)
20	what	מַה	(ma)

(100 basic words - cont.)

126

			Transliteration
21	on	עַל	(al)
22	with	עִם	(im)
23	only	רַק	(rak)
24	of	שֶׁל	(shel)
25	but	אֲבָל	(a**val**)
26	I	אֲנִי	(a**ni**)
27	how	אֵיךְ	(ech)
28	one	אֶחָד	(e**chad**)
29	you (m.)	אַתָּה	(a**ta**)
30	house	בַּיִת	(**ba**yit)
31	thing	דָּבָר	(da**var**)
32	she	הִיא	(hiy)
33	here	הִנֵּה	(hi**neh**)
34	he	הוּא	(hu)
35	time	זְמַן	(ze**man**)
36	new	חָדָשׁ	(cha**dash**)
37	good	טוֹב	(tov)
38	day	יוֹם	(yom)
39	boy	יֶלֶד	(**ye**led)
40	why	לָמָה	(**la**ma)

Note:
In the right hand column, the accent is on the part of the word which is marked in bold.

(100 basic words - cont.)

			Transliteration
41	word	מִילָה	(mi**la**)
42	over	מֵעַל	(me'**al**)
43	water	מַיִם	(**ma**yim)
44	when	מָתַי	(ma**tai**)
45	a little	קְצָת	(ktsat)
46	difficult	קָשֶׁה	(ka**sheh**)
47	most	רוֹב	(rov)
48	yours (m.)	שֶׁלְךָ	(she**lecha)**
49	my, mine	שֶׁלִי	(she**li)**
50	yours (f.)	שֶׁלָךְ	(she**lach**)
51	his	שֶׁלוֹ	(she**lo)**
52	happy	שָׂמֵחַ	(sa**me**'ach)
53	year	שָׁנָה	(sha**na)**
54	which	אֵיזֶה	(e**zeh**)
55	where	אֵיפֹה	(e**foh**)
56	after	אַחֲרֵי	(acha**re**)
57	them	אוֹתָם	(o**tam**)
58	him	אוֹתוֹ	(o**to**)
59	outside	בַּחוּץ	(ba**chuts**)
60	big	גָדוֹל	(ga**dol**)

(100 basic words - cont.)

128

			Transliteration
61	many, much	הַרְבֵּה	(har**be**)
62	friend	יָדִיד	(ya**did**)
63	more	יוֹתֵר	(yo**ter**)
64	almost	כִּמְעַט	(kim**at**)
65	before	לִפְנֵי	(lif**ne**)
66	very	מְאוֹד	(me'**od**)
67	number	מִסְפָּר	(mis**par**)
68	under	מִתַּחַת	(mi**ta**chat)
69	place (n.)	מָקוֹם	(ma**kom**)
70	their	שֶׁלָּהֶם	(shela**hem**)
71	our	שֶׁלָּנוּ	(she**la**nu)
72	hello, peace	שָׁלוֹם	(sha**lom**)
73	thank you	תּוֹדָה	(to**da**)
74	always	תָּמִיד	(ta**mid**)
75	we	אֲנַחְנוּ	(a**nach**nu)
76	people	אֲנָשִׁים	(ana**shim**)
77	work (n.)	עֲבוֹדָה	(avo**da**)
78	us	אוֹתָנוּ	(o**ta**nu)
79	please	בְּבַקָּשָׁה	(bevaka**sha**)
80	up	לְמַעְלָה	(le**ma**la)

129

(100 basic words - cont.)

			Transliteration
81	still	עֲדַיִין	(a**da**yin)
82	now	עַכְשָׁיו	(ach**shav**)
83	first	רִאשׁוֹן	(ri**shon**)
84	come, comes	בָּא	(ba)
85	live, lives	גָּר	(gar)
86	like, love	אוֹהֵב	(o**hev**)
87	go, goes	הוֹלֵךְ	(ho**lech**)
88	think, thinks	חוֹשֵׁב	(cho**shev**)
89	can, be able	יָכוֹל	(ya**chol**)
90	know, knows	יוֹדֵעַ	(yo**de'**a)
91	work, works	עוֹבֵד	(o**ved**)
92	do, does	עוֹשֶׂה	(o**seh**)
93	to be	לִהְיוֹת	(lih**yot**)
94	he, it was	הָיָה	(ha**ya**)
95	he, it will be	יִהְיֶה	(yih**ye**)
96	goodbye	לְהִתְרָאוֹת	(lehitra**ot**)
97	sometimes	לִפְעָמִים	(lifa**mim**)
98	same	אוֹתוֹ הַדָּבָר	(o**to** hada**var**)
99	I have	יֵשׁ לִי	(yesh li)
100	again	עוֹד פַּעַם	(od **pa**'am)

For sentences using the 100 basic words, see pp. 56-59.

For a list of more basic words, turn to p. 213.

USEFUL LISTS

130

MONTHS OF THE YEAR

January	יָנוּאָר
February	פֶבְּרוּאָר
March	מַרס
April	אַפְּרִיל
May	מַאי
June	יוּנִי
July	יוּלִי
August	אוֹגוּסט
September	סֶפְּטֶמְבֶּר
October	אוֹקטוֹבֶּר
November	נוֹבֶמְבֶּר
December	דֶּצֶמְבֶּר

DAYS OF THE WEEK

Sunday	יוֹם רִאשׁוֹן
Monday	יוֹם שֵׁנִי
Tuesday	יוֹם שְׁלִישִׁי
Wednesday	יוֹם רְבִיעִי
Thursday	יוֹם חֲמִישִׁי
Friday	יוֹם שִׁישִׁי
Saturday	יוֹם שַׁבָּת

NUMBERS (feminine)

1	אַחַת
2	שְׁתַּיִים
3	שָׁלוֹשׁ
4	אַרְבַּע
5	חָמֵשׁ
6	שֵׁשׁ
7	שֶׁבַע
8	שְׁמוֹנֶה
9	תֵּשַׁע
10	עֶשֶׂר

NUMBERS (masculine)

1	אֶחָד
2	שְׁנַיִים
3	שְׁלוֹשָׁה
4	אַרְבָּעָה
5	חֲמִישָּׁה
6	שִׁישָּׁה
7	שִׁבְעָה
8	שְׁמוֹנָה
9	תִּשְׁעָה
10	עֲשָׂרָה

MORE NUMBERS

20	עֶשְׂרִים
100	מֵאָה
1000	אֶלֶף

131

(useful lists - cont.)

SEASONS

spring	אָבִיב
summer	קַיִץ
autumn	סְתָיו
winter	חוֹרֶף

WEATHER

rain	גֶּשֶׁם
clouds	עֲנָנִים
snow	שֶׁלֶג
wind	רוּחַ
hail	בָּרָד
lightning	בָּרָק
thunder (n.)	רַעַם
rainbow	קֶשֶׁת

COLORS

red	אָדוֹם
pink	וָרוֹד
green	יָרוֹק
blue	כָּחוֹל
yellow	צָהוֹב
brown	חוּם
black	שָׁחוֹר
white	לָבָן

FAMILY MEMBERS

father	אַבָּא
mother	אִמָּא
brother	אָח
sister	אָחוֹת
uncle	דּוֹד
aunt	דּוֹדָה
grandfather	סַבָּא
grandmother	סַבְתָּא
cousin	בֶּן דּוֹד
brother-in-law	גִּיס
parents	הוֹרִים
husband	בַּעַל
wife	אִשָּׁה
boy	יֶלֶד
girl	יַלְדָּה
son	בֵּן
daughter	בַּת
grandson	נֶכֶד
granddaughter	נֶכְדָּה

(useful lists - cont.)

132

FOOD			
bread	לֶחֶם	tomato	עַגְבָנִיָה
milk	חָלָב	garlic	שׁוּם
eggs	בֵּיצִים	carrot	גֶזֶר
fish	דָג	lettuce	חַסָה
chicken	עוֹף	cucumber	מְלָפְפוֹן
meat	בָּשָׂר	potato	תַפּוּחַ אֲדָמָה
flour	קֶמַח	sweet potato	בָּטָטָה
rice	אוֹרֶז	beetroot	סֶלֶק
spaghetti	סְפָּגֶטִי	spinach	תֶרֶד
butter	חֶמְאָה	watermelon	אֲבַטִיחַ
yoghurt	יוֹגוּרט	banana	בָּנָנָה
lemon	לִימוֹן	grapes	עֲנָבִים
salt	מֶלַח	plum	שָׁזִיף
sugar	סוּכָּר	orange	תַפּוּז
honey	דְבַשׁ	apple	תַפּוּחַ
cheese	גְבִינָה	pear	אַגָס
olive	זַיִת	grapefruit	אֶשְׁכּוֹלִית
oil	שֶׁמֶן	almonds	שְׁקֵדִים
onion	בָּצָל	raisons	צִימוּקִים

(useful lists - cont.)

PROFESSIONS	(male)	(female)
architect	אַדְרִיכָל	אַדְרִיכָלִית
banker	בַּנְקַאי	בַּנְקָאִית
biologist	בְּיוֹלוֹג	בְּיוֹלוֹגִית
doctor	רוֹפֵא	רוֹפְאָה
economist	כַּלְכְּלָן	כַּלְכְּלָנִית
engineer	מְהַנְדֵס	מְהַנְדֶסֶת
gardener	גַנָן	גַנָנִית
geologist	גֵאוֹלוֹג	גֵאוֹלוֹגִית
historian	הִיסטוֹריוֹן	הִיסטוֹריוֹנִית
journalist	עִיתוֹנַאי	עִיתוֹנָאִית
lawyer	עוֹרֵךְ דִין	עוֹרֶכֶת דִין
librarian	סַפְרָן	סַפְרָנִית
manager	מְנַהֵל	מְנַהֶלֶת
mathematician	מָתֵמָטִיקַאי	מָתֵמָטִיקָאִית
musician	מוּסִיקַאי	מוּסִיקָאִית
nurse	אָח	אָחוֹת
pharmacist	רוֹקֵחַ	רוֹקַחַת
secretary	מַזְכִּיר	מַזְכִּירָה

MORE LOAN WORDS (see also p. 43)

The next audio track is on p. 213.

English	Hebrew	English	Hebrew
alcohol	אַלכּוֹהוֹל	monopoly	מוֹנוֹפּוֹל
ambition	אַמבִּיצִיָה	naive	נָאִיבִי
cafeteria	קָפִיטֶרִיָה	option	אוֹפּצִיָה
canoe	קָאנוּ	park	פַּארק
carnival	קַרנָבָל	phenomenal	פֶנוֹמֶנָלִי
catalogue	קָטָלוֹג	plastic	פּלַסטִיק
charlatan	שַׁרלָטָן	political	פּוֹלִיטִי
client	קלִיֶינט	popular	פּוֹפּוּלָרִי
dilemma	דִילֶמָה	radar	רָדָאר
domino	דוֹמִינוֹ	reform	רֶפוֹרמָה
drama	דרָמָה	rocket	רָקֶטָה
European	אֵירוֹפִּי	saxophone	סַקסוֹפוֹן
fascism	פָאשִׁיזם	sector	סֶקטוֹר
festival	פֶסטִיבָל	semester	סֶמֶסטֶר
fictitious	פִיקטִיבִי	sensation	סֶנסַצִיָה
financial	פִינַנסִי	specific	ספֶּצִיפִי
ideal	אִידֵיאָל	standard	סטַנדַרט
internet	אִינטֶרנֶט	sultan	סוּלטָן
melody	מֶלוֹדִיָה	total	טוֹטָלִי

(more loan words - cont.)

abstract	אַבּסטרַקטִי	cosmonaut	קוֹסמוֹנָאוּט
academic	אָקָדֶמַאי	dinosaur	דִינוֹזָאוּר
algebra	אַלגֶּבּרָה	diplomatic	דִיפּלוֹמָטִי
alternative	אַלטֶרנָטִיבָה	discipline	דִיסצִיפּלִינָה
antibiotics	אַנטִיבִּיוֹטִיקָה	disproportion	דִיספּרוֹפּוֹרצִיָה
aristocrat	אָרִיסטוֹקרָט	documentary	דוֹקוּמֶנטָרִי
astronaut	אַסטרוֹנָאוּט	dominant	דוֹמִינַנטִי
atmosphere	אַטמוֹספֶרָה	ecology	אֶקוֹלוֹגיָה
capitalism	קָפִּיטָלִיזם	emotional	אֶמוֹצִיוֹנָלִי
celebrity	סֶלֶבּרִיטַאי	encyclopedia	אֶנצִיקלוֹפֶּדיָה
centimeter	סֶנטִימֶטֶר	exclusive	אֶקסקלוּסִיבִי
chauvinist	שוֹבִינִיסט	gentleman	גֶ'נטֶלמֶן
coalition	קוֹאָלִיצִיָה	gravitation	גרָבִּיטַציָה
combination	קוֹמבִּינַצִיָה	historian	הִיסטוֹריוֹן
communism	קוֹמוּנִיזם	imperialism	אִימפֶּרִיאָלִיזם
conflict	קוֹנפלִיקט	impressionism	אִימפּרֶסיוֹנִיזם
constructive	קוֹנסטרוּקטִיבִי	inflation	אִינפלַצִיָה
context	קוֹנטֶקסט	information	אִינפוֹרמַצִיָה
conventional	קוֹנבֶנציוֹנָלִי	instinctive	אִינסטִינקטִיבִי
coordination	קוֹאוֹרדִינַצִיָה	intellectual	אִינטֶלֶקטוּאָל

(more loan words - cont.)

intuitive	אִינטוּאִיטִיבִי
kaleidoscope	קָלֵידוֹסקוֹפּ
Marxism	מַרקסִיזם
materialism	מָטֶרְיָאלִיזם
mathematics	מָתֵמָטִיקָה
melodrama	מֵלוֹדרָמָה
methodology	מֵתוֹדוֹלוֹגְיָה
microscope	מִיקרוֹסקוֹפּ
millimeter	מִילִימֶטֶר
opportunist	אוֹפּוֹרטוּנִיסט
opposition	אוֹפּוֹזִיצְיָה
optimum	אוֹפּטִימוּם
orthodox	אוֹרתוֹדוֹקסִי
perfectionist	פֶּרפֶקציוֹנִיסט
periscope	פֵּרִיסקוֹפּ
perspective	פֶּרספֶּקטִיבָה
philanthropy	פִילַנתרוֹפִּי
photogenic	פוֹטוֹגֵנִי
physiotherapist	פִיזיוֹתֵרָפִּיסט
politics	פּוֹלִיטִיקָה
potential	פּוֹטֶנצְיָאל
prestige	פְּרֶסטִיזָ'ה
primitive	פּרִימִיטִיבִי
privilege	פּרִיבִילֶגְיָה
protocol	פּרוֹטוֹקוֹל
relevant	רֵלֵוַונטִי
republic	רֵפּוּבּלִיקָה
rhetoric	רֵטוֹרִיקָה
socialism	סוֹצְיָאלִיזם
statistics	סטָטִיסטִיקָה
stereotype	סטֵרֵיאוֹטִיפּ
surrealistic	סוּרֵאָלִיסטִי
symphony	סִימפוֹנְיָה
television	טֵלֵוִיזְיָה
temperature	טֶמפֵּרָטוּרָה
ultimatum	אוּלטִימָטוּם
universal	אוּנִיבֶרסָלִי
voluntary	ווֹלוּנטָרִי

MORE BASIC WORDS (see also p. 201)

134

Here are another 200 basic words. A student who knows 300 basic words will be able to understand about 65 percent of words used in spoken Hebrew.

above	מֵעַל
airplane	מָטוֹס
against	נֶגֶד
all	כֹּל
answer (n.)	תְּשׁוּבָה
area, zone	אֵזוֹר
around	מִסָּבִיב
ask, asks	שׁוֹאֵל
backwards	אָחוֹרָה
begin, begins	מַתְחִיל
beginning	הַתְחָלָה
below, down	לְמַטָּה
better	יוֹתֵר טוֹב
between	בֵּין
bird	צִיפּוֹר
body	גוּף
book	סֵפֶר
bread	לֶחֶם
brother	אָח
building	בִּנְייָן
car	מְכוֹנִית
change (n.)	שִׁינּוּי
check, examine	בּוֹדֵק
children	יְלָדִים
circle (n.)	עִיגּוּל
city	עִיר
clear, obvious	בָּרוּר
close (adj.)	קָרוֹב
cold (adj.)	קַר
color	צֶבַע
correct (adj.)	נָכוֹן
court	בֵּית מִשְׁפָּט
deep	עָמוֹק
different	שׁוֹנֶה
doctor	רוֹפֵא
dog	כֶּלֶב
door	דֶּלֶת
dream (n.)	חֲלוֹם
dry	יָבֵשׁ
during	בְּמֶשֶׁךְ

(more basic words - cont.)　　　　　　　　　(135)

east	מִזְרָח	fire (n.)	אֵשׁ
early	מוּקְדָם	fish (n.)	דָּג
easy	קַל	five	חָמֵשׁ
eight	שְׁמוֹנֶה	food	אוֹכֶל
end	סוֹף	foot	רֶגֶל
English	אַנגלִית	force, power	כּוֹחַ
enough	מַסְפִּיק	four	אַרבַּע
evening	עֶרֶב	future	עָתִיד
everyone	כּוּלָם	game	מִשׂחָק
example	דוּגמָה	girl	יַלדָה
eye	עַיִן	government	מֶמשָׁלָה
face (n.)	פָּנִים	green	יָרוֹק
fact	עוּבדָה	group (n.)	קְבוּצָה
family	מִשׁפָּחָה	hand (n.)	יָד
far, distant	רָחוֹק	head (n.)	רֹאשׁ
fast, quickly	מַהֵר	hear, listen	שׁוֹמֵעַ
father	אַבָּא	heat, warmth	חוֹם
feet	רַגלַיִים	heavy	כָּבֵד
field	שָׂדֶה	help (n.)	עֶזרָה
finished	גָּמוּר	her	אוֹתָה

(more basic words - cont.)

here	פֹּה	line	קַו
high, tall	גָּבוֹהַּ	list	רְשִׁימָה
honor (n.)	כָּבוֹד	long	אָרוֹךְ
horse	סוּס	look at	מִסְתַּכֵּל
hundred	מֵאָה	machine	מְכוֹנָה
idea	רַעְיוֹן	man, male	גֶּבֶר
important	חָשׁוּב	manager	מְנַהֵל
inside	בִּפְנִים	map	מַפָּה
invitation, order	הַזְמָנָה	me	אוֹתִי
kilometer	קִילוֹמֶטֶר	minute	דַּקָּה
king	מֶלֶךְ	money	כֶּסֶף
land	אֲדָמָה	mother	אִמָּא
language	שָׂפָה	mountain	הַר
last, final	אַחֲרוֹן	music	מוּסִיקָה
learn, study	לוֹמֵד	must	חַיָּיב
leave	עוֹזֵב	name (n.)	שֵׁם
less	פָּחוֹת	need (adj.)	צָרִיךְ
letter	מִכְתָּב	night	לַיְלָה
life	חַיִּים	nothing	שׁוּם דָּבָר
light (n.)	אוֹר	oil	שֶׁמֶן

(more basic words - cont.) 137

old (not new)	יָשָׁן
open (adj.)	פָּתוּחַ
other	אַחֵר
page	דַּף
pair	זוּג
part (n.)	חֵלֶק
person	אָדָם
picture	תְּמוּנָה
plant	צֶמַח
point, dot	נְקוּדָה
problem	בְּעָיָה
put	שִׂים
question (n.)	שְׁאֵלָה
rain (n.)	גֶּשֶׁם
read	קוֹרֵא
really	בֶּאֱמֶת
reason, cause	סִיבָּה
red	אָדוֹם
rice	אוֹרֶז
right	יָמִין
river	נָהָר
room	חֶדֶר
rule (n.)	כְּלָל
salt	מֶלַח
say, says	אוֹמֵר
school	בֵּית סֵפֶר
scientist	מַדְעָן
sea	יָם
second	שְׁנִייָה
seven	שֶׁבַע
several	כַּמָּה
side	צַד
sign, mark	סִימָן
since	מֵאָז
six	שֵׁשׁ
slowly	לְאַט
small	קָטָן
snow (n.)	שֶׁלֶג
so, thus	כָּךְ
something	מַשֶּׁהוּ

(more basic words - cont.)

song, poem	שִׁיר	together	יַחַד
soon	בְּקָרוֹב	towards	לִקְרַאת
sound (n.)	צְלִיל	tree	עֵץ
special	מְיוּחָד	true, authentic	אֲמִתִּי
speech	דִּיבּוּר	two	שְׁתַּיִם
star (n.)	כּוֹכָב	uncle	דוֹד
state, country	מְדִינָה	until	עַד
stone (n.)	אֶבֶן	used (adj.)	מְשׁוּמָשׁ
story	סִיפּוּר	voice (n.)	קוֹל
street	רְחוֹב	want, wants	רוֹצֶה
strong	חָזָק	war (n.)	מִלחָמָה
sun	שֶׁמֶשׁ	watch, clock	שָׁעוֹן
system, method	שִׁיטָה	way, path	דֶּרֶךְ
table	שׁוּלחָן	week	שָׁבוּעַ
tea	תֵה	white	לָבָן
there	שָׁם	wind, spirit	רוּחַ
these, those	אֵלֶה	without	בְּלִי
thought	מַחֲשָׁבָה	world	עוֹלָם
three	שָׁלוֹשׁ	write	כּוֹתֵב
today	הַיוֹם	young	צָעִיר

MORE OPPOSITES (see also p. 78)

139

darkness	חוֹשֶׁךְ	past	עָבָר
light	אוֹר	future	עָתִיד
black	שָׁחוֹר	evening	עֶרֶב
white	לָבָן	morning	בּוֹקֶר
more	יוֹתֵר	empty	רֵיק
less	פָּחוֹת	full	מָלֵא
close, near	קָרוֹב	wide	רָחָב
far (away)	רָחוֹק	narrow	צַר
dry	יָבֵשׁ	much	הַרְבֵּה
wet	רָטוֹב	a little	קְצָת
moon	יָרֵחַ	heaven	גַּן עֵדֶן
sun	שֶׁמֶשׁ	hell	גֵיהִינוֹם

(more opposites - cont.)

young	צָעִיר	correct	נָכוֹן
old, aged	זָקֵן	incorrect	לֹא נָכוֹן
healthy	בָּרִיא	heavy	כָּבֵד
sick	חוֹלֶה	light	קַל
rich	עָשִׁיר	approximately	בְּעֵרֶךְ
poor	עָנִי	exactly	בְּדִיוּק
beginning	הַתְחָלָה	high	גָבוֹהַ
end	סוֹף	low	נָמוּךְ
war	מִלְחָמָה	long	אָרוֹךְ
peace	שָׁלוֹם	short, brief	קָצָר
left	שְׂמֹאל	modern	מוֹדֶרְנִי
right	יָמִין	ancient	עַתִיק

(more opposites - cont.) 141

order	סֵדֶר	attack	הַתְקָפָה
disorder	אִי סֵדֶר	defense	הֲגָנָה
husband	בַּעַל	private	פְּרָטִי
wife	אִישָׁה	public	צִיבּוּרִי
inside	בִּפְנִים	closed	סָגוּר
outside	בַּחוּץ	open	פָּתוּחַ
sister	אָחוֹת	before	לִפְנֵי
brother	אָח	after	אַחֲרֵי
sweet	מָתוֹק	north	צָפוֹן
sour	חָמוּץ	south	דָּרוֹם
clever, wise	חָכָם	east	מִזְרָח
stupid	טִיפֵּשׁ	west	מַעֲרָב

(more opposites - cont.)

142

happy	שָׂמֵחַ	up	לְמַעְלָה
sad	עָצוּב	down	לְמַטָּה
safe	בָּטוּחַ	first	רִאשׁוֹן
dangerous	מְסוּכָּן	last	אַחֲרוֹן
maximum	מַקְסִימוּם	early	מוּקְדָּם
minimum	מִינִימוּם	late	מְאוּחָר
normal	נוֹרמָלִי	success	הַצְלָחָה
not normal	לֹא נוֹרמָלִי	failure	כִּישָׁלוֹן
nobody	אַף אֶחָד	victory	נִיצָחוֹן
everybody	כּוּלָם	defeat	הֶפְסֵד
polite	מְנוּמָס	question	שְׁאֵלָה
rude	גַּס	answer	תְּשׁוּבָה

COMMON WORDS IN THE NEWS

(see also pp. 108, 226)

143

			Transliteration
1.	minister	שַׂר	(sar)
2.	new	חָדָשׁ	(cha**dash**)
3.	law	חוֹק	(chok)
4.	strong	חָזָק	(cha**zak**)
5.	missile	טִיל	(til)
6.	pressure (n.)	לַחַץ	(**la**chats)
7.	situation	מַצָּב	(ma**tsav**)
8.	against	נֶגֶד	(**ne**ged)
9.	weapons	נֶשֶׁק	(**ne**shek)
10.	army	צָבָא	(tsa**va**)
11.	difficult	קָשֶׁה	(ka**she**)
12.	possible (adj.)	אֶפְשָׁרִי	(efshar**i**)
13.	problem	בְּעָיָה	(be'a**ya**)
14.	clear (adj.)	בָּרוּר	(ba**rur**)
15.	border	גְּבוּל	(ge**vul**)
16.	important	חָשׁוּב	(cha**shuv**)
17.	to visit	לְבַקֵּר	(leva**ker**)
18.	terrorist	מְחַבֵּל	(mecha**bel**)
19.	price	מְחִיר	(me**chir**)
20.	airplane	מָטוֹס	(ma**tos**)

(common words in the news - cont.) 144

			Transliteration
21.	target	מַטָרָה	(matar**a**)
22.	crisis	מַשְׁבֵּר	(mash**ber**)
23.	president	נָשִׂיא	(na**si**)
24.	reason	סִיבָּה	(si**ba**)
25.	future	עָתִיד	(a**tid**)
26.	bomb (n.)	פְּצָצָה	(petsa**tsa**)
27.	north	צָפוֹן	(tsa**fon**)
28.	organization	אִרְגוּן	(ir**gun**)
29.	a visit	בִּיקוּר	(bi**kur**)
30.	decision	הַחְלָטָה	(hachla**ta**)
31.	attack (n.)	הַתְקָפָה	(hatka**fa**)
32.	war	מִלְחָמָה	(milcha**ma**)
33.	dangerous	מְסוּכָּן	(mesu**kan**)
34.	newspaper	עִיתוֹן	(i**ton**)
35.	meeting	פְּגִישָׁה	(pegi**sha**)
36.	public	צִיבּוּר	(tsi**bur**)
37.	strike (of workers)	שְׁבִיתָה	(shvi**ta**)
38.	budget	תַּקְצִיב	(tak**tsiv**)
39.	elections	בְּחִירוֹת	(bechi**rot**)
40.	security	בִּיטָּחוֹן	(bita**chon**)

For more words in the news, see p. 224 and p. 226.

NEWS WORDS BY TOPIC

145

GOVERNMENT

president	נָשִׂיא
ambassador	שַׁגְרִיר
foreign minister	שַׂר הַחוּץ
finance minister	שַׂר הָאוֹצָר
prime minister	רֹאשׁ הַמֶּמְשָׁלָה
law	חוֹק
the Knesset	הַכְּנֶסֶת

COUNTRIES IN THE NEWS

Afghanistan	אַפְגָנִיסְטָן
Egypt	מִצְרַיִם
England	אַנְגְלִיָה
France	צָרְפַת
Iran	אִירָן
Iraq	עִירָק
Jordan	יַרְדֵן
Lebanon	לְבָנוֹן
Syria	סוּרְיָה
United States	אַרְצוֹת הַבְּרִית

PEACE

understanding	הֲבָנָה
ceremony	טֶקֶס
speech	נְאוּם
answer (n.)	תְשׁוּבָה
hope	תִקְוָה
patience	סַבְלָנוּת
security	בִּיטָחוֹן
solution	פִּתְרוֹן
the new situation	הַמַּצָב הֶחָדָשׁ
the Middle East	הַמִזְרָח הַתִיכוֹן

CITIES IN THE NEWS

Jerusalem	יְרוּשָׁלַיִם
London	לוֹנְדוֹן
New York	נִיוּ יוֹרְק
Paris	פָּרִיס
Rome	רוֹמָא
Tel Aviv	תֵל אָבִיב
Washington	ווֹשִׁינְגְטוֹן

(news words by topic - cont.)

ECONOMY

petroleum	נֵפט
business	עֵסֶק
peak, record	שִׂיא
company	חֶברָה
trade (n.)	מִסחָר
help, aid (n.)	סִיוּעַ
stock exchange	בּוּרסָה
investment	הַשקָעָה
sale	מְכִירָה
shares, stocks	מְנָיוֹת
budget	תַקצִיב
payment	תַשלוּם
percentage	אֲחוּזִים
salary	מַשׂכּוֹרֶת
tourism	תַיָירוּת
project	פּרוֹיֶיקט
inflation	אִינפלַציָה
rate of the dollar	שַעַר הַדוֹלָר

ARMED FORCES

flag (n.)	דֶגֶל
spokesman	דוֹבֵר
commander	מְפַקֵד
force (n.)	כּוֹחַ
army	צָבָא
soldiers	חַיָילִים
reserve duty	מִילוּאִים
defense minister	שַׂר הַבִּיטָחוֹן
admiral	אַדמִירָל

WEAPONS

missile	טִיל
tank	טַנק
airplane	מָטוֹס
helicopter	מַסוֹק
a bomb	פְּצָצָה
satellite	לַווייָן
mortar	מַרגֵמָה
katyusha	קָטיוּשָה
submarine	צוֹלֶלֶת

MORE NEWS WORDS

147

(see also p. 222).

advisor	יוֹעֵץ
aid, assistance (n.)	סִיּוּעַ
apartment	דִּירָה
business	עֵסֶק
center	מֶרְכָּז
ceremony	טֶקֶס
citizen	אֶזְרָח
claim, claims	טוֹעֵן
conversation	שִׂיחָה
crime	פֶּשַׁע
crowded	צָפוּף
deep	עָמוֹק
demand, require	דּוֹרֵשׁ
discussion	דִּיּוּן
drugs	סַמִּים
education	חִינּוּךְ
effort	מַאֲמָץ
fate	גּוֹרָל
fear (n.)	חֲשָׁשׁ
festival	חַג
flag (n.)	דֶּגֶל
flight	טִיסָה
food	מָזוֹן
force, power	כּוֹחַ
guard (n.)	שׁוֹמֵר
guilty	אָשֵׁם
happen, happens	קוֹרֶה
highway	כְּבִישׁ
holocaust	שׁוֹאָה
information	מֵידָע
interrogate	חוֹקֵר
judge	שׁוֹפֵט
the Knesset	הַכְּנֶסֶת
left (adj.)	שְׂמֹאל
liable	עָלוּל
manager	מְנַהֵל

(more news words - cont.)

148

moment	רֶגַע
nature	טֶבַע
need (n.)	צוֹרֶךְ
office	מִשְׂרָד
official	רִשְׁמִי
oil, petroleum	נֵפְט
peak, record	שִׂיא
policeman	שׁוֹטֵר
punishment	עוֹנֶשׁ
range	טְוָוח
rebellion	מֶרֶד
region	אֵזוֹר
representative	נָצִיג
right, the right	יָמִין
secret (n.)	סוֹד
senior	בָּכִיר
shelter	מִקְלָט
sign (n.)	סִימָן
speech	נְאוּם
spokesman	דוֹבֵר
stage, phase	שָׁלָב
subject	נוֹשֵׂא
suspected	חָשׁוּד
suspicion	חֲשָׁד
temporary	זְמַנִי
tension	מֶתַח
threat	אִיוּם
to discuss	לָדוּן
to pay	לְשַׁלֵם
tower	מִגְדָל
trade (n.)	מִסְחָר
weak	חַלָשׁ
worker	עוֹבֵד
world	עוֹלָם
worry, anxiety	דְאָגָה
accident	תְאוּנָה
armed	חָמוּשׁ

(more news words - cont.)

advertisement	פִּרסוֹמֶת
agreement	הַסכָּמָה
ambassador	שַׁגרִיר
anarchy	אָנַרכִיָה
answer (n.)	תְשׁוּבָה
apparently	כַּנִראֶה
approach (v.)	מִתקָרֵב
attempt (n.)	נִיסָיוֹן
be published	פּוּרסַם
betrayal	בְּגִידָה
bombardment	הַפצָצָה
break (n.)	הַפסָקָה
candidate	מוּעֲמָד
chance	סִיכּוּי
change (n.)	שִׁינוּי
check, inspection	בְּדִיקָה
Christians	נוֹצרִים
conclusion	מַסקָנָה
conditions	תְנָאִים

criticism	בִּיקוֹרֶת
culture	תַרבּוּת
democracy	דֵמוֹקרַטיָה
demonstration	הַפגָנָה
demonstrator	מַפגִין
development	הִתפַּתְחוּת
diplomat	דִיפּלוֹמָט
escalation	הַסלָמָה
espionage	רִיגוּל
evacuation	פִּינוּי
evaluation	הַעֲרָכָה
event, occasion	אֵירוּעַ
examination	מִבחָן
exposure	חֲשִׂיפָה
extremists	קִיצוֹנִים
fact	עוּבדָה
family	מִשפָּחָה
famous	מְפוּרסָם

(more news words - cont.)

150

forecast	תַחֲזִית
game	מִשְׂחָק
government	מֶמְשָׁלָה
historical	הִיסטוֹרִי
history	הִיסטוֹרְיָה
hospitalized	מְאוּשְׁפָּז
illusion	אַשְׁלָיָה
imprisonment	מַאֲסָר
inflation	אִינפלַציָה
internet	אִינטֶרנֶט
investigation	חֲקִירָה
investment	הַשְׁקָעָה
journalist	עִיתוֹנַאי
leader	מַנהִיג
learning (n.)	לִימוּד
list (n.)	רְשִׁימָה
memory	זִיכָּרוֹן
modern	חָדִישׁ
Moslems	מוּסלְמִים
opposition	הִתנַגְדוּת
orchestra	תִזמוֹרֶת
our reporter	כַּתָבֵנוּ
Palestinians	פָּלֶסטִינִים
party (political)	מִפלָגָה
passport	דַרכּוֹן
patience	סַבלָנוּת
payment	תַשלוּם
percentage	אֲחוּזִים
phenomenon	תוֹפָעָה
point (n.)	נְקוּדָה
possibility	אֶפשָׁרוּת
possibly	יִיתָכֵן
profession	מִקצוֹעַ
progress (n.)	הִתקַדְמוּת
promise (n.)	הַבטָחָה
publication	פִּרסוּם
racism	גִזעָנוּת

(more news words - cont.)

reaction	תְגוּבָה
recommend (v.)	מַמְלִיץ
refugees	פְּלִיטִים
refuse, refuses	מְסָרֵב
renewal	חִידוּשׁ
request, wish	בַּקָּשָׁה
reserve duty	מִילוּאִים
resignation	הִתְפַּטְרוּת
resistance	הִתְנַגְּדוּת
responsibility	אַחֲרָיוּת
results	תוֹצָאוֹת
rumor	שְׁמוּעָה
salary	מַשְׂכּוֹרֶת
sanctions	עִיצוּמִים
secular	חִילוֹנִי
service (n.)	שֵׁירוּת
settlement	הִתְנַחֲלוּת
shares, stocks	מְנָיוֹת
skill	מְיוּמָנוּת

smuggling (n.)	הַבְרָחָה
soldiers	חַייָלִים
spy (n.)	מְרַגֵּל
state	מְדִינָה
stock exchange	בּוּרסָה
success	הַצְלָחָה
suggestion	הַצָּעָה
surprise (n.)	הַפְתָּעָה
surprising	מַפְתִּיעַ
survey (n.)	סֶקֶר
to agree	לְהַסְכִּים
to arrive	לְהַגִּיעַ
to build	לִבְנוֹת
to cancel	לְבַטֵּל
to check	לִבְדוֹק
to confirm	לְאַשֵּׁר
to conquer	לִכְבּוֹשׁ
to continue	לְהַמְשִׁיךְ
to convince	לְשַׁכְנֵעַ

(more news words - cont.) 152

to decide	לְהַחְלִיט
to define	לְהַגְדִיר
to demand	לִדְרוֹשׁ
to enlist, join up	לְהִתְגַיֵיס
to enter	לְהִיכָּנֵס
to exchange	לְהַחֲלִיף
to expel	לְגָרֵשׁ
to explain	לְהַסְבִּיר
to explode	לְהִתְפּוֹצֵץ
to free	לְשַׁחְרֵר
to guard	לִשְׁמוֹר
to hesitate	לְהַסֵס
to look	לְהִסְתַכֵּל
to meet	לְהִיפָּגֵשׁ
to oppose	לְהִתְנַגֵד
to read	לִקְרוֹא
to recognize	לְהַכִּיר
to reject	לִדְחוֹת
to renew	לְחַדֵשׁ
to resign	לְהִתְפַּטֵר
to search	לְחַפֵּשׂ
to stop	לְהַפְסִיק
to threaten	לְאַיֵים
to vote	לְהַצְבִּיעַ
to warn	לְהַזְהִיר
to win	לְנַצֵחַ
tourism	תַיָירוּת
understanding	הֲבָנָה
victory	נִיצָחוֹן
violence	אַלִימוּת
vote, ballot	הַצְבָּעָה

COMMON PHRASES IN THE NEWS

153

	English Meaning	Hebrew	Transliteration
1	no doubt	אֵין סָפֵק	(en **safek**)
2	new law	חוֹק חָדָשׁ	(chok cha**dash**)
3	there is hope	יֵשׁ תִקוָוה	(yesh tik**va**)
4	in my opinion	לְפִי דַעתִי	(lefi da**ti**)
5	peace agreement	הֶסכֵּם שָׁלוֹם	(hes**kem** sha**lom**)
6	a historic day	יוֹם הִיסטוֹרִי	(yom histo**ri**)
7	official visit	בִּיקוּר רִשמִי	(bi**kur** rish**mi**)
8	enough rain	מַספִּיק גֶשֶׁם	(mas**pik** **ge**shem)
9	new immigrants	עוֹלִים חֲדָשִׁים	(o**lim** chada**shim**)
10	great joy	שִׂמחָה גְדוֹלָה	(sim**cha** gedo**la**)

(news phrases - cont.) 154

	English Meaning	Hebrew	Transliteration
11	new situation	מַצָּב חָדָשׁ	(ma**tsav** cha**dash**)
12	red line	קַו אָדוֹם	(kav a**dom**)
13	ceasefire	הַפְסָקַת אֵשׁ	(hafsa**kat** esh)
14	Knesset member	חָבֵר הַכְּנֶסֶת	(cha**ver** ha**kne**sset)
15	negotiations	מַשָּׂא וּמַתָּן	(ma**sa** uma**tan**)
16	minister of defense	שַׂר הַבִּיטָחוֹן	(sar habita**chon**)
17	large demonstration	הַפְגָּנָה גְּדוֹלָה	(hafga**na** gedo**la**)
18	foreign ministry	מִשְׂרַד הַחוּץ	(mis**rad** ha**chuts**)
19	finance minister	שַׂר הָאוֹצָר	(sar ha'**otsar**)
20	the Middle East	הַמִּזְרָח הַתִּיכוֹן	(hamiz**rach** hati**chon**)

(news phrases - cont.)

155

	English Meaning	Hebrew	Transliteration
21	the situation in Iraq	הַמַּצָּב בְּעִירָק	(hama**tsav** be'i**rak**)
22	at this stage	בַּשָּׁלָב הַזֶּה	(bashal**av** ha**zeh**)
23	the security situation	מַצַּב הַבִּיטָּחוֹן	(ma**tsav** habita**chon**)
24	prime minister	רֹאשׁ הַמֶּמְשָׁלָה	(rosh hamemsha**la**)
25	Jews from America	יְהוּדִים מֵאָמֵרִיקָה	(yehu**dim** me'a**me**rika)
26	Israeli citizen	אֶזְרָח יִשְׂרְאֵלִי	(ez**rach** yisre'e**li**)
27	independence day	יוֹם הָעַצְמָאוּת	(yom ha'atsma**ut**)
28	holocaust day	יוֹם הַשּׁוֹאָה	(yom hasho**a**)
29	in the near future	בֶּעָתִיד הַקָּרוֹב	(be'a**tid** haka**rov**)
30	at the last moment	בָּרֶגַע הָאַחֲרוֹן	(ba**re**ga ha'acha**ron**)

156

(news phrases - cont.)

	English Meaning	Hebrew	Transliteration
31	the European Union	הָאִיחוּד הָאֵירוֹפִּי	(ha'**ichud** ha'er**o**pi)
32	the economic situation	הַמַּצָּב הַכַּלְכָּלִי	(hama**tsav** hakalka**li**)
33	emergency situation	מַצַּב חֵירוּם	(ma**tsav** che**rum**)
34	new elections	בְּחִירוֹת חֲדָשׁוֹת	(bechi**rot** chada**shot**)
35	in the last few days	בַּיָּמִים הָאַחֲרוֹנִים	(baya**mim** ha'acharo**nim**)
36	in the coming days	בַּיָּמִים הַקְּרוֹבִים	(baya**mim** hakero**vim**)
37	the minister resigns	הַשַּׂר מִתְפַּטֵּר	(ha**sar** mitpa**ter**)
38	in the last week	בַּשָּׁבוּעַ הָאַחֲרוֹן	(basha**vua** ha'acha**ron**)
39	dramatic development	הִתְפַּתְּחוּת דְּרָמָתִית	(hitpa**tchut** drama**tit**)
40	What does that mean?	מַה זֹּאת אוֹמֶרֶת?	(ma zot **o**me**r**et)

PERSONAL PRONOUNS

a) Subjective Pronouns

157

English	Hebrew	Transliteration
he	הוּא	(hu)
she	הִיא	(hi)
they (m.)	הֵם	(hem)
they (f.)	הֵן	(hen)
I	אֲנִי	(a**ni**)
you (m.)	אַתָּה	(a**ta**)
you (f.)	אַתְּ	(at)
you (m. pl.)	אַתֶּם	(a**tem**)
you (f. pl.)	אַתֶּן	(a**ten**)
we	אֲנַחְנוּ	(a**nach**nu)

Note:

In Hebrew, third person pronouns can also be used for inanimate objects.

e.g. The pronoun הוּא can mean **it** as well as **he**.

The pronoun הִיא can mean **it** as well as **she**.

158

b) Objective Pronouns

English	Hebrew	Transliteration
him	אוֹתוֹ	(oto)
her	אוֹתָה	(ota)
them (m.)	אוֹתָם	(otam)
them (f.)	אוֹתָן	(otan)
me	אוֹתִי	(oti)
you (m.)	אוֹתְךָ	(otecha)
you (f.)	אוֹתָךְ	(otach)
you (m. pl.)	אֶתְכֶם	(etchem)
you (f. pl.)	אֶתְכֶן	(etchen)
us	אוֹתָנוּ	(otanu)

159

c) Possessive Pronouns

English	Hebrew	Transliteration
his	שֶׁלּוֹ	(shelo)
hers	שֶׁלָּה	(shela)
theirs (m.)	שֶׁלָּהֶם	(shelahem)
theirs (f.)	שֶׁלָּהֶן	(shelahen)
mine	שֶׁלִּי	(sheli)
yours (m.)	שֶׁלְּךָ	(shelecha)
yours (f.)	שֶׁלָּךְ	(shelach)
yours (m. pl.)	שֶׁלָּכֶם	(shelachem)
yours (f. pl.)	שֶׁלָּכֶן	(shelachen)
ours	שֶׁלָּנוּ	(shelanu)

COMMON HEBREW ABBREVIATIONS

1.	alphabet	א״ב
2.	United Nations	הָאוּ״ם
3.	United States	אַרהַ״ב
4.	PLO	אָשָׁ״ף
5.	supreme court	בָּגָ״ץ
6.	Beer Sheba	בּ״ש
7.	doctor	ד״ר
8.	overseas	חוּ״ל
9.	Knesset Member	ח״כ
10.	negotiations	מ״מ
11.	foreign currency	מָטָ״ח
12.	total	סה״כ
13.	Israeli army	צַהַ״ל
14.	chief of staff	רָמַטכָּ״ל
15.	secret service	שָׁבָּ״כ
16.	Tel Aviv	ת״א
17.	post office box	ת״ד
18.	bible	תָּנָ״ך

A USEFUL VERB

160

Past Tense of the Verb **to be** - לִהְיוֹת (lihyot)

English	Hebrew	Transliteration
he, it was	הָיָה	(ha**ya**)
she, it was	הָיְתָה	(haye**ta**)
they were	הָיוּ	(ha**yu**)
I was	הָיִיתִי	(ha**yi**ti)
you (m.) were	הָיִיתָ	(ha**yi**ta)
you (f.) were	הָיִית	(ha**yit**)
you (m. pl.) were	הֱיִיתֶם	(heyi**tem**)
you (f. pl) were	הֱיִיתֶן	(heyi**ten**)
we were	הָיִינוּ	(ha**yi**nu)

Note:
The verb **to be** in its past tense is very useful and worthwhile learning.

For the conjugation of this verb in all its tenses, as well as the conjugations of thousands of other verbs, the book *Hebrew Verb Tables* by Asher Tarmon and Ezri Uval is recommended (see also p. 245).

PRESENT TENSE VERBS

For simplicity, most of the verbs in this book are in the form of the masculine, singular present tense. Other forms of the present tense are shown in the tables below and on the next page.

a) The verb **to live** or **dwell** - לָגוּר (lagur) is often used in this book.

161

Below is its present tense conjugation:

I (m.) live you (m.) live he lives	(gar)	גָר	אֲנִי אַתָּה הוּא	masculine singular
I (f.) live you (f.) live she lives	(**ga**ra)	גָרָה	אֲנִי אַתְּ הִיא	feminine singular
we (m.) live you (m. pl.) live they (m.) live	(ga**rim**)	גָרִים	אֲנַחְנוּ אַתֶּם הֵם	masculine plural
we (f.) live you (f. pl.) live they (f.) live	(ga**rot**)	גָרוֹת	אֲנַחְנוּ אַתֶּן הֵן	feminine plural

Note:

Feminine singular verbs end with the letter ה (heh) or ת (tav).

Masculine plural verbs end with the letters ים (yud + mem sofit).

Feminine plural verbs end with the letters וֹת (vowel vav + tav).

(present tense verbs - cont.)

b) The verb **to speak** - לְדַבֵּר (ledaber) is often used in this book.

162

Below is its present tense conjugation:

I (m.) speak you (m.) speak he speaks	(meda**ber**)	מְדַבֵּר	אֲנִי אַתָּה הוּא	masculine singular
I (f.) speak you (f.) speak she speaks	(meda**be**ret)	מְדַבֶּרֶת	אֲנִי אַתְּ הִיא	feminine singular
we (m.) speak you (m. pl.) speak they (m.) speak	(meda**berim**)	מְדַבְּרִים	אֲנַחְנוּ אַתֶּם הֵם	masculine plural
we (f.) speak you (f. pl.) speak they (f.) speak	(meda**berot**)	מְדַבְּרוֹת	אֲנַחְנוּ אַתֶּן הֵן	feminine plural

For a good understanding of Hebrew verbs in the past, present and future tenses, and for continuing to study, see p. 245.

Loan Word Alternatives (see pp. 43, 210)

163

Some of the loan words mentioned in this book have a Hebrew word which can be used as an alternative to them (see examples below).

English	Loan Word	Hebrew Word	Transliteration
doctor	דוֹקטוֹר	רוֹפֵא	(ro**fe**)
student	סטוּדֶנט	תַלְמִיד	(tal**mid**)
normal	נוֹרמָלִי	רָגִיל	(ra**gil**)
helicopter	הֶלִיקוֹפּטֶר	מַסוֹק	(ma**sok**)
naive	נָאִיבִי	תָמִים	(ta**mim**)
financial	פִינַנסִי	כַספִי	(kas**pi**)
positive	פוֹזִיטִיבִי	חִיוּבִי	(chiyu**vi**)
standard (n.)	סטַנדַרט	תֶקֶן	(**te**ken)
conflict	קוֹנפלִיקט	מַאֲבָק	(ma'a**vak**)
information	אִינפוֹרמַצִיָה	מֵידָע	(me**da**)

164

(loan word alternatives - cont.)

English	**Loan Word**	**Hebrew Word**	**Transliteration**
melody	מֶלוֹדְיָה	מַנְגִּינָה	(man**gina**)
status	סטָטוּס	מַעֲמָד	(ma'a**mad**)
sector	סֶקטוֹר	מִגזָר	(mig**zar**)
client	קלְייֶנט	לָקוֹחַ	(la**ko**'ach)
hobby	הוֹבִּי	תַחבִּיב	(tach**biv**)
specific	ספֶּצִיפִי	מְסוּיָם	(mesu**yam**)
conventional	קוֹנבֶנצִיוֹנָלִי	מְקוּבָּל	(meku**bal**)
emotional	אֶמוֹצִיוֹנָלִי	רִגשִׁי	(rig**shi**)
universal	אוּנִיבֶרסָלִי	כְּלָלִי	(kla**li**)

STUDY TIPS

1. Read at least twenty minutes of Hebrew every day.

2. A good vocabulary is essential.
   Try to learn 5-10 new words a day.

3. Read out aloud while studying.

4. Have at least one larger dictionary that illustrates the meanings of words through phrases, idioms and expressions.

5. Study on a daily basis.

Note:

The very easy Hebrew newspaper **Bereishit** is recommended: www.hebrewtoday.com   (Another good easy Hebrew newspaper is **Sha'ar Lamathil**: www.slamathil.co.il)

FURTHER STUDYING

THE SECOND BOOK IN THE SERIES

There is a way to accelerate the learning of Hebrew and to reduce memory work while studying. There are seven verb patterns (Binyanim) in Hebrew. To learn more about these patterns and how they can help you save time in your Hebrew studies, the following book is recommended:

Modern Hebrew – A Step By Step Guide
by Michael Rose and Ezri Uval

www.hebrewstepbystep.com

Note:
Once you have studied the above book, we recommend that you continue with:

Hebrew Verb Tables
by Asher Tarmon and Ezri Uval

www.hebrewverbtables.com

BIBLIOGRAPHY

1. *Modern Hebrew – A Step By Step Guide*
    By Michael Rose and Ezri Uval
    Jerusalem 2007
    www.hebrewstepbystep.com

2. *Bereishit* (an easy Hebrew newspaper).
    To subscribe, see www.hebrewtoday.com
    Published in Jerusalem

3. *Hebrew Verb Tables*
    By Asher Tarmon and Ezri Uval
    Tamir Publishers
    Jerusalem 1998
    www.hebrewverbtables.com

4. *Sha'ar Lamathil* (an easy Hebrew weekly newspaper).
    To subscribe in Israel and overseas, see www.slamathil.co.il
    Published by Yedioth Ahronoth

5. *Oxford English-Hebrew, Hebrew-English Dictionary*
    Editor: Ya'akov Levy
    Kernerman Publishing Ltd
    Israel 1995

INDEX

AUDIO TRACK REFERENCE

Audio Track	Section	Pages
1	The Hebrew Alphabet	2-4
2	Vowel Signs	5
3 - 16	Beginning to Read Letters	10-24
17 - 22	Beginning to Read Words	26-31
23 - 27	Reading Exercises A	35-39
28 - 32	Reading Exercises B	47-51
33 - 36	Basic Words	56-59
37 - 43	Reading Exercises C	62-76
44	Opposites	78-79
45 - 49	Reading Exercises D	83-89
50 - 69	Listening Skills	94-97
70 - 74	Learning to Read Without Vowel Signs	101-105
75 - 87	Words in the News	109-115
88 - 91	Test Yourself	143-147

Audio Track Reference

(audio track reference - cont.)

Audio Track	Section	Pages
92 - 114	Reading Help	158-167
115 - 124	English-Hebrew Word List	174-183
125 - 129	100 Basic Words	201-205
130 - 133	Useful Lists	206-209
134 - 138	More Basic Words	213-217
139 - 142	More Opposites	218-221
143 - 144	Common News Words	222-223
145 - 146	News Words by Topic	224-225
147 - 152	More News Words	226-231
153 - 156	Common Phrases in the News	232-235
157 - 159	Personal Pronouns	236-237
160	A Useful Verb	239
161 - 162	Present Tense Verbs	240-241
163 - 164	Loan Word Alternatives	242-243

Michael Rose

Michael Rose immigrated to Israel from South Africa in 1980 after graduating in Applied Mathematics at the Witwatersrand University. He has co-authored the successful book
Modern Hebrew - A Step By Step Guide
along with Ezri Uval (www.hebrewstepbystep.com).

Yechiel Kara

Ph.D. Hebrew University in Jerusalem 1982.
Dr. Kara has been a researcher at the Historical Dictionary Project of the Academy of the Hebrew Language since 1971. For the last ten years he has been the director of the Department of Gaonic and Medieval Literature at the Historical Dictionary Project. He is the author and editor of several books on the Aramaic, Arabic and Hebrew languages.

Yigal Tzadka

Yigal Tzadka is a journalist and newspaper editor. He is one of the narrators of the CD which comes along with this book. In 2007 he started an easy Hebrew newspaper called **Bereishit** which is meant for beginners. He is also the editor of **Yanshuf,** an easy Hebrew newspaper for more advanced students (www.hebrewtoday.com).